빈 방에 달빛 들면

빈 방에 달빛 들면

조선 선비, 아내 잃고 애통한 심사를 적다

© 유미림, 강여진, 하승현, 2005

지은이| 이인상 외 조선 선비 47인
옮긴이| 유미림, 강여진, 하승현
펴낸이| 우찬규
펴낸곳| 도서출판 **학고재**

초판 1쇄 발행일| 2005년 4월 25일
초판 3쇄 발행일| 2008년 3월 1일

등록| 1991년 3월 4일(제1-1179호)
주소| 서울시 종로구 계동 101-12 신영빌딩 1층
전화| 편집(02)745-1722 / 3 영업(02)745-1770 / 6
팩스| (02)764-8592
이메일| hakgojae@gmail.com

주간| 손철주
편집| 김미영 · 강상훈 · 강지혜
디자인| 문명예
관리 · 영업| 김정곤 · 박영민 · 이창후 · 이현주

인쇄| 독일P&P 분해| 에이스칼라
값 12,000원
ISBN 89-5625-035-9 03900

조선 선비, 아내 잃고 애통한 심사를 적다

송시열·이인상 외 지음 | 유미림·강여진·하승현 옮김

빈 방에 달빛 들면

학고재

■일러두기

• 이 책은 민족문화추진회 편 『한국문집총간』에 실린, 16세기부터 19세기까지의 제문 중 아내를 대상으로 한 것을 발췌해 번역한 것입니다.
• 본래의 의미를 손상하지 않는 범위에서 현대적 어감에 맞도록 번역하고 필요한 경우 주석을 달았습니다.
• 편마다 저자의 약력과 함께 구체적인 출전을 밝혔으며, 원문에 나오는 옛 지명은 되도록 현재의 지명으로 바꿨습니다.

그 마른 등에 조선을 업고

또 다시 봄이 돌아왔습니다. 마른 버들가지에 돋아나는 여린 잎들은 꽃보다도 곱고, 겨울을 이겨낸 작은 새들의 지저귐은 마냥 경쾌합니다. 엄동설한 같은 모진 세월을 꿋꿋이 살아낸, 고운 봄버들 같은 조선 여인들의 영혼에 삼가 맑은 술과 조촐한 제수를 갖추어놓고 글을 지어 올립니다.

아! 조선 여인의 삶은 빛이라기보다는 그림자였습니다. 있어도 없는 듯, 알아도 모르는 듯 살아야 했고, 하고 싶은 일보다는 해야할 일들을 챙겨야 했습니다. 어쩌다 좋은 시절을 만난다 해도 즐거움은 늘 남보다 뒤에 누리려는 어진 마음으로 어려운 처지의 사람들을 먼저 돌보았고, 힘든 상황에서도 어려움은 남보다 먼저 맡아하려는 장한 마음으로 등이 휠 것 같은 책임들을 온몸으로 묵묵히 떠맡았습니다. 시부모와 친부모를 섬기고, 남편을 뒷바라지하고, 자식을 가르치고, 친척 간에 화목하게 지내는 것이 당연한 부덕이라곤 하나, 낯선 환경과 어려운 살림 속에서도 자기 중심을 잃지 않고 지혜롭게 처신하기까지 얼마나 많은 아픔들을 견뎌냈을까요?

빛이 있는 곳엔 그만큼의 그림자가 있습니다. 그리고 그림자엔 그 빛만큼의 가치가 있습니다. 조선의 찬란한 사상과 문화를 주도한 사대부층이 시대의 빛이었다면, 그 뒤에서 묵묵히 그들을 지켜보며 때론 지지를 하기도 하고, 때론 잘못을 지적하기도 하면서 그들의 사상과 문화가 꽃을 피울 수 있도록 기꺼이 거름이 되어준 선비의 아내는 빛만큼이나 아름다운 그림자였습니다.

지난해 여름 민족문화추진회 국역연수원 선후배 사이인 저희 세 사람은 민족문화추진회편『한국문집총간』에서 아내를 대상으로 한 제문을 발췌하여 강독했고, 그 내용을 바탕으로 번역하고 윤문했습니다. 혼자 하기엔 벅찬 일들을 서로가 부족한 부분을 채워가며 작업했고, 그 가운데 49편을 추려 책으로 엮었습니다. 짧은 한문 실력으로 겁 없이 번역을 하면서 어려운 점도 많았지만, 미처 주목받지 못했던 우리 안의 고운 숨결을 되살린다는 생각에 용기를 내었습니다.

제문을 읽는 동안 조선 선비의 섬세한 감성과 아내를 바라보는 시각을 생생히 느낄 수 있었을 뿐 아니라, 조선 여인의 존재 가치와 사회적 지위와 역할에 대해 막연하게나마 지니고 있던 고정관념이 깨지는 경험을 하고 작은 희열을 느꼈습니다.

세월이 흐른 지금 다시 옛 모습을 찾아 드러내는 게, 어찌 단지 지난 일에 대한 궁금증을 풀기 위한 것이기만 하겠습니까? 시대가 변해도 변치 않는 참된 가치를 우리 옛 모습에서 찾아보고, 그 안에 살아 있는 생명력으로 오늘의 어려움을 진단하고 치유하는 것이 옛 것을 찾는 이유일 것입니다. 또한 드러나지는 않았지만 가정 내에서 강한 중심을 잡아 지켜나간 조선 여인들의 모습이 오늘에도 묵묵히 사회 곳곳에서 제 책임을 다하고 있는 모든 분들에게 따뜻한 위로가 되지 않을까 하는 생각을 해 봅니다.

이 책이 세상의 빛을 보기까지 많은 분들의 도움이 있었습니다. 번역을 권유하시고, 뜻이 막히는 곳마다 찾아뵙고 여쭈면 반갑게 맞아 지도해주신 은산(銀山) 정태현(鄭太鉉) 선생님과 소계(小溪) 임정기(任正基) 선생님, 격려해주신 가족과 동학분들, 마음 편히 강독할 수 있도록 인사동 이택재(麗澤齋) 공간을 내어주신 최병준(崔秉準) 선생님, 흔쾌히 이 책의 출판을 맡아 아름답게 편집해주신 학고재 편집진 모두가 작은 기쁨을 함께 했으면 합니다.

아, 조선을 살다간 아내들의 영혼이여! 죽어서도 지각이 있다면 오늘 이 땅을 살아가는 사람들을 지켜보고 당신이 살아서 했던 것처럼 잘하는 것은 칭찬해주시고, 잘못하는 것은 바로잡아주소서. 함께 가야 할 바른 방향을 잡고, 그 방향을 따라 서로가 조화롭게 사귀며 나아갈 수 있도록 하늘의 지혜를 보내주소서. 이런 간절한 마음을 영혼은 아시는지. 상향(尙饗).

2005년 봄날 지리산 자락에서
유미림, 강여진, 하승현 올림

차례/빈 방에 달빛 들면

마지막 배웅도 못 한 채

살아남은 자의 슬픔

백 년 해로도 덧없어

전란의 고통을 함께 겪으며

정을 쏟던 그 마음이 깊은 슬픔이 되어

윤근수

모년 모월 모일, 해평부원군 윤근수는 죽은 아내 정경부인(정1품·종1품 문무관의 아내에게 주던 봉작) 풍양 조씨의 영전에 감히 고합니다.

아! 누구나 한 번은 죽는 법이지만, 부인에겐 유난히 슬프고 안타까운 사연이 있구려. 계사년(1593) 봄에서 여름으로 넘어갈 무렵, 부인은 천리 먼 타향 정주에서 병을 얻었소. 나는 공무로 의주에 갔다가 예안으로 돌아와 경략접반사(經略接伴使, 국경 지대에서 중국 사신을 접대하던 관직)를 맡고 있던 터라 갑작스레 군문을 떠날 수 없었다오. 그러다 부인이 위독하다는 소식을 듣고 휴가를 받아 가던 중 부음을 들었소. 난리(임진왜란)로 인한 걱정과 병으로 인한 고통을 당신은 내게 얼마나 하소연하고 싶었겠소. 그런데 얼굴을 보며 영결하지도 못하고 이렇게 갑작스레 가버렸으니, 부인인들 어찌 편히 눈감을 수 있었겠소. 애통하고 애통하구려. 품안에 있던 자식도 눈앞에서 황천길로 가버린 아이가 한둘이 아니니, 정을 쏟던 그 마음이 어떠했겠소.

내가 좌천되어 벼슬길에서 물러나자 부인은 이제 한적한 바닷

전(傳, 작자가 그린 것으로 전함, 이하 '전'으로 표기함) 김홍도(1745~1806), 《평생도(平生圖)》 중 〈정승행차(政丞行次)〉, 비단에 채색, 53.9×35.2cm, 국립중앙박물관

'평생도'란 한 사람의 일생을 나타낸 것으로 대개 8폭 병풍에 그리는데, 그 내용은 주로 돌잔치, 혼인, 회갑, 과거급제 등 통과의례에 관한 것이다.

가에서 함께 편히 쉴 수 있으려나 기대했소. 하지만 또다시 아들이 죽었다는 소식을 듣고는 몹시 놀라며 크게 슬퍼했소. 얼마나 상심이 컸겠소. 게다가 난리통에 친정어머니마저 돌아가셨으니, 슬픔이 폐부를 찔렀을 거요. 서쪽으로 가는 기나긴 피난길, 때는 엄동설한인데도 속이 타들어가 눈과 얼음을 씹어 먹으며 화를 달래야 했으니, 그래서야 어떻게 오래 살 수 있었겠소. 천수를 다하지 못하고 갑자기 가버렸으니, 애통하고 애통하구려.

이번 전쟁은 전에 없이 참혹하여, 모두 뿔뿔이 흩어져 제 가족도 건사하기 힘든 지경이었소. 이제 겨우 전쟁이 끝나 나라가 안정되었기에 한양으로 돌아와 부인과 금슬 좋게 지내며 여생을 보내려 했는데, 부인은 기다려주질 않는구려.

나는 본래 생계를 꾸리는 데 무능하여 집 안에 뭐가 있는지 없는지도 모른 채 부인이 살림을 잘 꾸려가는 것만 믿고 있었소. 부인은 내 바람대로 가난한 가운데서도 살림을 여유 있게 꾸려 내가 걱정하지 않게 해주었는데, 노년에 접어들어 훌륭한 내조자를 잃었구려. 이제 집안의 자질구레한 일들을 내가 다 떠맡아야 하는데, 나는 정말 감당하기가 어렵다오. 부부가 되어 백년해로하려던 바람이 모두 허사로 돌아갔으니, 애통하고 애통하구려.

머나먼 타향에 당신을 임시로 묻어놓고도 어명을 받드느라 겨를이 없다가 4년이 지난 지금에서야 유해를 받들고 고향의 장지로 돌아올 수 있게 되었소. 장단(長湍)의 장지가 선산과 가깝기는 하지만 자리는 새로 잡은 곳이오. 길일로 정한 이 달 16일(임자)에 그

곳에 안장할 예정인데, 영령은 아시는지……. 오호애재라! 상향(尙
饗).

🌸 윤근수(尹根壽, 1537~1616)

자는 자고(子固), 호는 월정(月汀). 본관은 해평(海平). 시호는 문정(文貞)
이며 봉호는 해평부원군(海平府院君)이다. 선조 때의 공신으로, 이조판서
등을 역임했고, 외교를 담당하여 국난 극복에 힘썼다. 퇴계 이황의 문인으
로 성리학에 밝았고, 율곡 이이 등과도 교유했다. 이 글의 원 제목은 제망실
부인문(祭亡室夫人文)으로, 문집 『월정집(月汀集)』에 실려 있다.

당신은 나 때문에 죽고, 나는 당신 때문에 살고

조찬한

당신은 맑은 기운을 받아 정순함을 천성으로 타고난 사람이었소. 어려서 부모를 여의고 큰오라비에게 맡겨졌는데, 구슬피 우는 소리가 이웃에까지 들릴 정도였다오. 향불을 피우는 6년 동안 당신의 효성은 인근에 소문이 자자하였소.

나와의 혼사는 큰오라비가 주관하여 계사년(1593) 봄에 비로소 이루어졌소. 당신은 진솔하고 온순한 데다 말씨까지 덕스러워 몹시 기뻤다오. 경박하고 사치스러운 나는 당신의 따끔한 질책으로 작은 잘못까지도 고쳐나갈 수 있었소. 당신의 곧고 진실한 모습은 얼굴에도 나타났고, 우리는 생사를 함께하기로 약조하였소.

당신은 어려운 가운데서도 집안 일을 부지런히 돌보았소. 음식을 정갈하게 마련했고, 친구들이 멀리서 찾아오기라도 하면 술과 음식을 마련해 정성스레 상을 차려와 모두들 탄복하곤 했다오.

오호통재라! 혼인한 지 1년도 채 안 되어 어머니가 돌아가시어 우리는 장례를 마치고 집으로 돌아왔소. 집에서 가을을 보내는데 갑자기 왜적이 침입하여 해로와 육로가 모두 막혀버렸소. 숙모의 의견을 따라 우리는 육지로 가지 않고 뱃길로 피난을 갔소. 온 가족이 비바람 치는 바다 위에서 일엽편주에 몸을 싣고 가던 중 숙모의 배멀미 때문에 삼향(三鄕)에 정박하게 되었소. 우리는 적이 더디게 올 줄로만 알고 시간을 지체하게 되었소.

오호애재라! 적을 피하려던 계책이 잘못되어, 9월 17일 해가 중천에 뜨기도 전에 흉적이 날뛰어 적선이 순식간에 치고 들어왔소. 정신없이 달아나다 보니 시체가 들판에 즐비했고, 우리는 잠깐 사이에 서로를 놓치게 되었소. 노인을 모시고 지척에서 넘어지고 엎어지며 경황없이 가다 보니, 당신이 내 옆에 없었소. 하늘은 어쩌면 이리도 무심하단 말이오. 갓난애는 젖을 먹지 못해 다음날로 숨이 끊어져 길가에 묻었소. 사방에서 접전이 벌어져 산과 바다가 온통 아비규환이라 낮에는 숨어 있고 밤에만 길을 가야 했소. 자식을 잃고 아내도 어디 있는지 모르니, 내 어찌 견딜 수 있었겠소.

그래도 아직 목숨이 붙어 있는 몸이라 위험을 무릅쓰고 길을 나섰소. 어디가 어딘지도 모른 채 가다가 한 사람을 만났는데, 그가 내게 어디서 오는 사람이냐고 묻기에 성명을 일러주었소. 그러자 그는 깜짝 놀라며 "당신 부인이 저 길 옆에 있었는데, 당신을 놓쳤다고 울부짖으며 세 번이나 죽으려고 물 속에 뛰어드는 것을 그때마다 계집종이 말렸소. 절의는 높다 하겠으나 운명은 가련하구려"라고 하였소. 놀라 황급히 가 보니, 과연 그의 말대로였소. 우리는 두 손을 부여잡고 행여 호랑이가 들을까 숨죽여 흐느꼈다오. 내가 "하늘의 도움으로 이렇게 만나게 된 것이니 이제라도 함께 있게만 된다면 죽는다 한들 무얼 후회하고 슬퍼하겠소"라고 하니, 주위에 있던 노파들도 눈물을 흘리며 우리가 살아 만나게 된 걸 놀라워했다오.

당신은 바로 가락지를 팔아 음식을 마련했는데, 숙모가 안 계시니 그 음식이 어떻게 목으로 넘어갈 수 있었겠소. 같이 찾아보려 했지만, 적들이 이미 사방을 포위하고 있었소. 당신은 발이 부르터 얼마 걷지도 못하는 데다 사방에서 창 부딪치는 소리가 울려대니 어디로 갈 수 있었겠소. 숲에서 발이 묶인 채 서로 멍하니 바라만 볼 뿐이었소.

오호애재라! 그날 밤 우왕좌왕 들판을 헤매면서도 사방에 적들이 깔려 있어 이러지도 저러지도 못했소. 숲 속에 엎드려 숨어 있다가 날이 밝아 정오가 다 되어서야 적들의 손아귀를 겨우 벗어나나 싶었는데, 결국 미시가 되기도 전에 적들과 딱 마주치고 말았소.

오호애재라! 당신은 그때 나더러 당신 때문에 가만히 앉아서 당해서는 안 된다며 달아나라고 권했소. 갑자기 적이 들이닥치자 내게 도망치라고 재촉했소. 적진을 뚫고 나오니, 맨발에 옷은 다 벗겨진 상태였고 종놈 하나만 나를 뒤따르고 있었는데, 우리는 산으로 달려가서야 적에게서 벗어날 수 있었소. 적이 떠나자마자 곧바로 내려갔는데, 날은 이미 저물어 어두컴컴했소. 서(庶)삼촌과 같이 당신이 숨어 있던 곳을 찾아가보니, 아! 당신은 이미 죽어 시신에서 흐른 피가 풀을 적시고 있었소. 우리는 당신이 살해당한 게 틀림없다고 여기고 시신을 어루만지며 통곡했소.

오호애재라! 당신 목을 보니 내가 차던 단도가 꽂혀 있었소. 당신이 단도를 지니고 있던 이유를 몰랐는데, 결국 그날 밤 그걸로 자결할 줄 어찌 생각이나 했겠소. 숲 속에 있는 시신을 나 혼자는 어찌할 수가 없었소. 결국 용진(涌珍)에 숨어 있다 구사일생으로 살아 적이 물러나자마자 옛집으로 돌아와 당신의 유해를 고향 선산으로 옮길 수 있었소. 10월에 널을 마련하여 임시로 급하게 장례를 치렀소. 이듬해 늦봄, 나는 한양에서 벼슬살이를 하게 되었소. 1년을 넘기고 그 다음달에 남쪽으로 내려와 관을 마련하여 개장(改葬)했으니, 벌써 4년이나 지난 일이구려.

오호애재라! 당신은 나 때문에 죽었고, 나는 당신 덕분에 살았소. 당신이 쓰던 경대는 아직 그대로라오. 새로 관직을 제수 받고 이제야 당신 무덤에 와 벌초하고 제문을 고하지만, 무슨 면목으로 당신을 대할 수 있겠소.

오호애재라! 물에 빠져 죽거나 목을 매 죽는 일은 보통의 아녀자라도 하는 경우가 있지만, 스스로 목을 찌르는 일은 열사도 하기 어려운 일이오. 당신은 참으로 용감하구려. 어떻게 그리 할 수 있단 말이오. 당신은 참으로 기상이 대단하구려. 어떻게 그리 할 수 있단 말이오. 그 절의는 용감하고도 대단하구려. 그 정절은 살아서나 죽어서나 도에 맞는구려.

정려문을 세우고 공덕비를 새기는 책임은 모두 내게 있소. 내가 하지 않을 거라면 어찌 이런 말을 하겠소. 오늘밤 제사를 지내며 깊은 슬픔을 경건히 고하니, 혼령은 와서 굽어 살펴주구려. 오호애재라! 상향.

조찬한(趙纘韓, 1572~1631)

자는 선술(善述). 호는 현주(玄洲)이며 본관은 한양(漢陽)이다. 광해군 때 예조참의 등을 지내다. 인조반정으로 형조참의가 되어 우승지 등을 역임했다. 문장에 뛰어나고 시에 능했으며, 『청구영언(靑丘永言)』에 시조 2편이 전한다. 이 글의 원 제목은 제망실문(祭亡室文)으로, 문집 『현주집(玄洲集)』에 실려 있다.

어여쁜 모습은 언제 다시 보며

이정암

모년 모월 모일, 상을 당한 이정암은 삼가 맑은 술과 과일을 올리며 죽은 아내 정부인 정2품·종2품 문무관의 아내에게 주던 봉작 윤씨의 영전에 제사지냅니다.

아! 부부란 인류의 시작이니, 두 사람이 한 몸으로 맺어진 것보다 가까운 정이 어디 있겠소. 부부가 되어 백년해로하고, 한방에서 같이 지내다 죽어서도 함께 묻히는 건 누구나 바라는 일이오. 그러나 처음과 끝이 같지 않고 수명도 각기 달라, 예부터 부부가 이런 바람을 이룬 경우는 드물다오.

부인은 부덕을 타고나 공순하고 온유하였소. 열다섯 살 어린 나이에 내게 시집와 우리는 금슬 좋고 화목하게 지냈소. 나는 이른 나이에 급제하여 부모님 봉양을 위해 벼슬살이를 해야 했는데, 양친께서 살아 계시던 20여 년 동안 당신은 명절이면 좋은 술과 음식을 장만하여 공경스레 모시었소. 부모님의 기색을 살펴 잘 봉양할 수 있었던 건 내가 효자여서가 아니라 당신의 내조 덕임은 누구도 부인하지 못할 거요.

복이 많아 우리는 5남 2녀를 두었소. 당신은 그 아이들을 다독거려가며 기르느라 편히 쉬지도 제대로 먹지도 못했소. 어미란 본래 자애로운 법이지만, 누가 당신만큼 정을 주고 사랑을 쏟았겠소. 또 올케와 시누이 사이는 반목하기 쉬운데, 부인만은 어린 시누이를 자기 딸처럼 예뻐했다오.

나는 외곬수여서 세상과 잘 맞지도 않고, 세상 물정에도 어두워 집안 일에 대해 아는 게 없었소. 풍류를 좋아하여 술 마시고 시나 읊조리며 세월을 보내느라 하루라도 술상을 차리지 않은 날이 없었고 집 안에는 항상 취객이 있었소. 그런데도 부인은 얼굴 한 번 찡그리지 않았고 불평 한 마디 하지 않았으니, 매사를 담담하게 처리하는 게 아녀자라기보다 대장부에 가까웠소. 한가로이 지낼 때 내가 "자식들 혼사를 치르고 나면 벼슬을 내놓고 시골에 내려가 조용하게 말년을 보냅시다"라고 약조했는데, 어찌하여 부인은 나를 버리고 먼저 가버렸단 말이오. 방에 들어가봐도 당신은 보이지 않으니, 도대체 내가 하늘에 무슨 죄를 지었단 말이오. 오호통재라!

지난 임진년(1592)에 국운이 막혀 왜구가 난데없이 도성까지 쳐들어오자, 사람들은 앞 다투어 도망가기에 바빴소. 그때 나는 부인에게 "더 이상 온전하기 힘든 상황이니 옛사람들처럼 목숨 바쳐 절의를 지킵시다." 하며 목을 맸고 당신은 독약을 마셨소. 살신성인하는 마음으로 웃으며 죽으리라 다짐했으니, 모진 목숨이 끊어졌다 다시 살아날 줄 어찌 생각이나 했겠소. 할 수 없이 넘어지고 고꾸라져가며 도성을 나오긴 했지만, 정신은 이미 모두 나가고 껍데기만 살아남은 거였소. 서산 기슭 덕수(德水) 가에 온 식구가 뿔뿔이 흩어져 있다가 간신히 목숨을 보전하였소. 그러나 양친을 모시고 걷거나 말을 타거나 하며, 풍찬노숙하면서 온갖 고생을 다 겪다 보니 쇠약해져 결국 두 아들과 며느리 한 애가 타향에서 죽고 말았소. 사람 사는 일이 이 지경에까지 이르니, 그 참혹한 고통을 어찌 다 말로 하겠소. 부인의 병도 실로 이 때문에 생긴 거라오. 음식도 제대로 못 넘기는데 약을 써본들 무슨 소용이 있었겠소.

전라도와 충청도 관찰사를 역임한 지 6년 만에 또 전쟁 정유재란이 나 이번에는 황해도 관찰사로 나가게 되었소. 당신은 비바람을 맞으며 위험한 길을 가느라 병이 심해져 결국 손조차 쓸 수 없게 되었으니, 신계(新溪)가 원망의 땅이 될 줄 누가 알았겠소. 죽고 싶어 하다 죽었으니 당신이야 무슨 한이 있겠소만, 타향살이를 하고 있는 터에 어미 잃은 자식들이 눈앞에서 울고 있으니, 이 아이들은 누구를 믿고 의지한단 말이오. 이제 내 해어진 옷은 누가 기워주며 내 끼니는 누가 챙겨준단 말이오. 홀로된 늙은이 중에 나만큼 슬픈 이가 어디 있겠소. 옛말에 '환과고독 중에 홀아비가 제일 불쌍하다' 했는데, 모친상을 당한 와중에 이런 일을 또 당하고 보니 정말 호소할 데가 없구려. 오호통재라!

6월 초에 한양에 계신 어머니가 편찮으시다는 급보를 전해 듣고 먼 길을 정신없이 달려갔지만, 정성이 하늘을 감동시키지 못해 때를 놓쳐 임종도 못 했으니, 자식이 있은들 무슨 소용이 있소. 하늘에 울부짖고 땅에 머리를 찧으며 슬피 울자니, 오장이 문드러지는 듯하구

수의(壽衣), 국립민속박물관 소장
조선시대 사대부가의 여인이 죽으면
염할 때 입히던 옷.

려. 부모를 여의고도 살아 있으니, 바로 죽지 못한 게 한스럽구려.

당신이 있는 황해도에선 위독하다는 소식이 계속 전해졌지만, 당신같이 후덕한 사람이 죽으리라곤 생각도 못 했소. 어머니 장례를 마치고 나면 얼굴 보며 영결할 수 있으리라 여겼는데, 내 죄가 어떠하기에 이토록 참혹한 벌을 받는단 말이오. 당신이 병에 걸려도 진맥 한번 제대로 못 해주고, 죽었을 때 반함(飯含, 염할 때 죽은 사람의 입 속에 구슬과 쌀을 물리는 일)하는 것도 지켜보지 못했구려. 염할 때 옆에서 잡아주지도 못했고, 입관할 때에는 수의도 매만져주지 못했소. 백년가약을 맺은 부부가 하루아침에 이별하여 유명을 달리하니, 하늘을 봐도 막막하기만 하구려. 오호통재라!

태어나면 죽는 것이 사람 사는 이치지만, 살아서 박복했다면 칠

수의, 국립민속박물관 소장
조선시대 선비가 죽으면 염할 때
입히던 옷. 집안에 따라 옷깃을
반대 방향으로 만들어 달기도 한다.

팔십을 산다 해도 좋은 게 아니고, 수명대로 살다 편안히 죽는다면 죽어도 죽은 게 아니라오. 부인 나이가 이제 쉰여덟이니, 장수한 건 아니지만 요절했다고도 할 수 없소.

비록 두 아들을 잃긴 했지만 자손을 많이 두어, 아직 다섯이 남아 있소. 모두 과거에 급제하여 높은 벼슬에 올라, 당신에게 '정부인'이라는 봉호까지 내려졌으니 명실이 부합한다 하겠소. 남부럽지 않게 살다간 당신의 죽음을 모두 슬퍼하니, 부끄럽지 않은 삶이라 하겠소. 영혼도 이를 안다면 조금은 위로가 될 것이오. 오호통재라!

저기 보이는 송도의 전포(錢浦)는 외고조부 때부터 쓰던 선산으로, 후대에까지 복을 내려줄 길지라오. 택일한 것이 내 생각과 딱 들어맞아 여기에 안장하니, 모두 하늘이 도우신 거요. 같이 묻힐 작정으로 그 옆자리는 비워두었는데, 우리가 떨어져 있을 날이 얼마나 되겠소. 머지않아 서로 만나게 될 것이니, 영혼이 이를 안다면 여한을 풀기 바라오. 오호통재라!

일진도 좋은 음력 8월의 서늘한 가을날, 바람은 길을 재촉하고 이슬은 엉겨 서리가 되며, 빈 집엔 가을벌레가 울고 너른 들판엔 초목이 말라가고 있소. 이제 발인할 때가 되어 영구가 떠날 채비를 하고 있구려. 부부로 한방을 쓰고 살다가 한 사람은 죽어 귀신이 되어 저 먼 구천으로 떠나갔으니, 어여쁜 모습은 언제 다시 보며 다정한 말씨는 언제 다시 들을 수 있을는지……. 오랫동안 열지 않아 경대에는 거미줄이 쳐졌고, 길게 드리워진 안방 휘장에는 먼지만 가득하구려. 당신이 죽었다고 생각하니 창자가 끊어질 듯하오. 망극한 이 슬픔을 말로는 다할 수가 없구려. 나는 억지로 슬픔을 감추고 싶지도 않소. 제철 음식을 공경스레 올리고 술 한 잔 권하니, 영혼이 있다면 와서 흠향하기 바라오. 오호통재라! 상향.

🌸 이정암(李廷馣, 1541~1600)

자는 중훈(仲薰). 호는 사류재(四留齋), 퇴우당(退憂堂), 월당(月塘). 본관은 경주(慶州)이며, 시호는 충목(忠穆)이다. 임진왜란 당시 선조를 호종했고 여러 지방의 관찰사와 병조참판을 역임했다. 이 글의 원 제목은 제부인문(祭夫人文)으로, 문집 『사류재집(四留齋集)』에 실려 있다.

'지기'라는 친구들도 자네보다 낫지 않았네

정홍명■

오호애재라! 자네는 열여섯에 내게 시집와 겨우 스물넷에 홀연히 나를 버리고 떠나갔네그려. 인생이 덧없다 하지만, 어찌 슬프지 않겠는가. 신유년(1621) 정월 사계(沙溪)■■ 선생 댁에서 자네를 처음 맞았을 때, 자네는 용모가 단정하고 성품이 신실하여 제법 어른스런 덕이 있었네. 나는 가난했으나 다행히 의탁할 곳을 얻어 살다가, 얼마 안 지나 자네를 데리고 남쪽 고향으로 내려왔네. 살아가는 일이 몹시도 힘들었지만 자네는 가난한 집안을 잘 꾸려갔다네. 부지런히 길쌈하고 일하여 입고 먹는 걱정을 하지 않게 해주어 매우 편안하게 지냈네. 집안에서는 정성을 다해 나를 섬겼고, 문중 사람들과도 잘 지내 모두들 자네를 좋아했다네. 이는 모두 자네의 천성이 선량하고 사람을 대할 때 억지로 꾸미지 않기 때문이었네.

그런데 불행히도 자네는 젊은 나이에 병을 얻어 오랜 세월 질질 끌

■ 이 글의 아내는 측실로, 이시발의 글과 함께 아내를 '자네'라 칭하고 있다.
■■ 조선조 예학의 거두인 김장생(金長生)의 호다. 정홍명은 김장생 문하에서 수학했다.

다가 내가 뜻밖의 재앙을 만나는 바람에 원기가 더욱 손상되었네. 나는 분수를 알고 마음을 편안히 먹으며 환란 속에서도 무사하기만을 바랐네.

계해년(1623) 반정인조반정으로 비로소 관직을 회복하여 조정에서 벼슬을 하게 되었네. 그해 늦가을에 자네가 남쪽에서 올라와 한양에서 함께 살게 되었지만, 녹봉은 자주 끊어지곤 했네. 늦겨울에 내가 암행어사로 경기 지방을 순행하러 갔다가 한 해가 지나서야 돌아와 들어 보니, 설을 막 지난 때인데도 여러 날 불도 때지 못하다가 한마을에 사는 해숭위(海嵩尉)가 양곡을 보내준 덕분에 굶어죽지 않을 수 있었다고 했네. 그때 자네가 고생한 것을 생각하면 측은하지 않은 적이 없다네.

몇 달 안 가 이괄의 난이 일어나자, 온 나라가 동요하여 언제 안정될지 모르는 상황이었네. 한양을 떠나기 며칠 전, 나는 옥당(玉堂, 홍문관)에 있다가 집으로 돌아와 문 앞에서 자네에게 쪽지를 써주었네. 자네가 눈물을 흘리기에, 내가 "하늘처럼 섬기는 자를 위해 죽는 건 신하나 마누라나 마찬가지네"라고 하였네. 자네는 그때 만삭이었는데, 허둥지둥 넘어지며 길을 가다 구사일생으로 간신히 살

■ 문집 원주(原註)에 따르면 신유년 가을, 고향 창평에서 처음 홍복통을 심하게 앓았는데, 그것이 고질병이 되었다고 한다.

■■ 문집 원주에 따르면 당시 선친의 일(김우성이 필자의 부친인 정철을 무고하자 둘째 형 정종명과 더불어 진소한 일) 때문에 파면 당했는데, 정씨 성을 가진 궁녀가 함부로 모함해서였다고 한다.

■■■ 선조의 사위로 정혜옹주의 남편인 윤신지(尹新之)를 말한다.

전 유운홍(1797~1859),
《풍속도》 중 〈길쌈〉, 종이에 담채,
92×40cm, 국립중앙박물관

아나 충청도에 다다를 수 있었네.* 난이 평정되자마자 다시 한양으로 돌아왔는데, 그때 자네는 내게 "세상이 안정되지 못해 변고가 무상한데 일개 아녀자가 누를 너무 많이 끼치고 있습니다. 저는 차라리 고향집에서 의관이나 대면서 살겠습니다. 험난해도 왕실을 위해 온 힘을 다하며 지조를 변치 않는 것은 당신의 직분입니다. 저는 당신이 나랏일을 마치고 고향에 돌아오실 때를 기다리며 천천히 준비하고 있겠습니다." 하였네. 나는 그 말이 진심에서 우러나왔다는 걸 알기에 마음 한편으로 일찌감치 관직에서 물러날 결심을 하지 못한 내 자신이 부끄러웠네.

여름에 나는 다시 전염병에 걸렸네. 7월 초에 자네는 임시로 머물던 정릉에서 사내아이를 낳았는데 그 애가 바로 무구라네. 내 병이 조금 차도를 보이자, 자네는 어린애를 안고 나를 보러 와서는 내 병이 돌림병이라 돌봐주지 못하는 것이 몹시 한스럽다고 했네. 을축년(1625) 봄에는 턱에 종기가 나서 거의 죽을 뻔하다 살아났네. 병인년(1626) 봄부터 가을까지 나는 사신을 맞는 종사관으로 멀리 평안도에서 근무한 후 돌아와 다시 장시관(掌試官)이 되어 호남에 가게 되었는데, 왕복길을 계산해 보니 무려 6천여 리나 되었네. 한 해가 다가도록 우리가 떨어져 산 한탄과 그간의 고생한 정황을 어찌 말로 다 하겠는가.

---

* 문집 원주에 따르면 당시 김사강(金士剛)이 부여 군수로 있었기 때문에 가서 의탁한 것이라고 한다.

정묘호란 때 세자를 모시고 가느라 자네와 함께 가지 못했는데, 직산에서 강을 건너 남쪽으로 내려오고 있는 자네를 만났네. 호종하는 행차가 전주에 도착할 즈음, 전에 앓던 종기가 재발하여 여관에 누워 있는 나를 돌보려 자네는 연산에서 급히 달려왔네. 당시는 난리로 정신없던 때라 온갖 기물들을 거의 다 잃어버렸는데, 그 와중에도 자네는 후손들이 참고할 만한 선대의 문적(文籍)들을 몸소 싸들고 와 하나도 유실되지 않게 했다네. 내 병이 좀 낫자 그것들을 꺼내 보여주었으니, 내가 늘상 탄복하는 일이네.

적이 물러갔다는 소식을 듣고, 곧바로 세자를 모시고 강화도로 돌아왔네. 강화도에서 한양으로 들어올 때, 자네도 도성 서쪽에 있는 옛집으로 돌아왔네. 난리를 겪는 와중에도 모두 무사할 수 있었으니, 이른바 '서로 만난 것이 꿈만 같다'는 격이었네.

무진년(1628) 8월, 시관(試官)이 되어 남쪽으로 내려갔다 올라오는 길에 자네가 위독하다는 소식을 들었네. 황급히 집으로 돌아와 보니, 겨우 숨만 붙어 있을 뿐 자네는 이미 예전의 모습이 아니었네. 이때부터 거의 하루도 빠짐없이 끙끙 앓느라 원기가 점점 사그라들더니, 올 봄에는 갑자기 뱃속이 결리는 병이 몹시 위급해져 언제 죽을지 모를 지경이었네. 나는 마침 선위사(宣慰使, 중국 사신을 영접하기 위해 임시로 둔 관직)로 임명되어 그날로 성상께 하직 인사를 올리고 길을 떠나야만 했네. 돌아올 기약은 묘연했지만 개인적인 일을 챙기기가 어려워 자네에게 따뜻한 이별의 말도 고하지 못했네. 자네도 별다른 기미를 드러내지 않은 채 내게 술을 좀 자제하고 끼니를 잘 챙겨 먹으라는 당부만 하였다네.

조정으로 돌아온 다음날, 나는 '어명을 욕되게 하고 일을 그르쳤다'는 죄목으로 처벌을 받게 되었는데, 주상께서 노여워하시어 어떤 벌을 받을지 예측할 수 없는 상황이었네. 자네는 병중인데도 울면서 식음을 전폐하고 있었네. 며칠 후 성은을 입어 풀려날 수 있었는데, 자네는 전보다 훨씬 더 수척해져 있었네. 몸은 점점 더 상해 약을 써도 듣지 않더니, 여름과 가을을 지나면서 피골이 상접해져 보는 이마다 안쓰러워하며 위태롭게 여겼다네. 하지만 나는 자네가 아직 젊다는 것과 심성이 착한 사람은 오래 산다는 말만 믿고 있었네.

9월 그믐이 되기 전, 조리를 잘못하는 바람에 종기가 재발하여 전처럼 위태롭고 괴로웠네. 자네는 밤낮으로 노심초사하며 추운 날씨에도 홑옷 차림으로 탕제를 달이는 일부터 몸을 부축하는 일까지 모두 손수 하느라 내 병이 나을 즈음에는 일어나지도 못할 지경이 되었네. 그러다 10여 일을 숨이 끊어질 듯 가물가물하더니 결국 기사년(1629) 10월 16일에 세상을 뜨고 말았네. 오호통재라! 오호통재라!

자네가 위독해지자 자네 노모와 어린아이, 그리고 병든 나까지 옆에서 어쩔 줄 몰라 하며 울고 있었네. 이 일 저 일 물어본 것도 한두 가지가 아닌데, 자네는 끝내 한 마디 말도 없이 한 줄기 눈물로 슬피 영결하였네. 천륜의 지극한 정은 사람이 절제하기 어려운 법인데, 자네는 연약한 어린 자식들의 이마를 쓰다듬어주고 손을 잡

으면서도 슬퍼하는 모습을 보이지 않고 마치 고해를 떠나 극락으로
가듯 했네. 숨이 끊어질 무렵, 천천히 나를 부르며 자신의 일생을
대강 말했네.

"제가 못난 여자라 아는 건 없지만, 선을 행하고 악을 피해야 한
다는 것쯤은 압니다. 그래서 저 자신과 하늘을 속이려 하지 않았습
니다. 호사스럽게 꾸미고 비단 옷 입은 이를 보아도 예쁘다고 부러
워한 적이 없고, 집안이 가난해서 끼니를 잇지 못해도 남 앞에서 우
는 소리를 하거나 남에게 애걸하는 것을 수치로 여겼습니다. 남들
이 주는 물건은 밤이나 어포(魚脯)처럼 하찮은 것이라도 받아도 되
는지 항상 당신께 여쭈었으며, 떳떳하지 못하고 구차한 일은 하지
않았습니다. 정성을 다해 당신의 형제자매를 섬기고 조카들을 대했
으며, 가난한 이들을 돕는 일에는 꺼리는 마음이 조금도 없었지요.
제사를 지낼 때는 항상 정결하게 했고, 없는 살림에도 정성껏 음식
을 마련하여 손님을 대접했습니다. 이는 천지신명이 내려다보고 아
시는 일입니다. 제 마음 씀씀이와 처사로 볼 때, 하늘에 벌 받을 짓
은 하지 않은 것 같은데도 이렇듯 가혹한 재앙을 받는군요. 제 몸에
모든 독이 다 모여 있는데 아직까지 숨이 붙어 있으니, 죽는 것도
마음대로 안 되네요. 이제 천지신명의 보살핌과 당신의 복으로 실
낱같은 제 목숨이 빨리 끊어져 영혼이 편히 쉴 수 있다면, 그보다
더 큰 행운은 없을 테니 무슨 여한이 있겠어요. 홀로되신 친정어머
니와 어린애들의 신세까지는 정신이 몽해 제가 미처 생각할 겨를이
없네요."

긴 한숨을 몇 번 내쉬고는 다시 말이 없었네. 오호애재라!

내 팔자가 기구하여 자네에게까지 누를 끼쳤네. 함께 사는 9년 내내 온갖 고생을 했으니, 병에 걸린 것은 다 내 탓이라네. 하루도 편안하고 한가로울 틈이 없다가 결국에는 한을 품고 요절하게 했으니, 너무도 부끄럽고 비통하여 더 살고 싶은 생각이 없네.

아! 자네와 함께 사는 동안, 나는 자네를 집안의 좋은 친구로 여겼네. 내가 잘못을 할 때면 자네가 충고해주었고, 일만 생기면 나는 꼭 자네와 의논했으니, '지기'라 하는 친구들도 자네보다 낫지 않았네. 자네는 재주도 있고 행실도 훌륭하며 고결한 절조를 지녔네. 비속하게 말하는 걸 수치로 여기며, 취하고 버려야 할 때도 잘 구분하였네. 곤궁할 때도 서운해 하거나 걱정하는 기색이 없었고, 재물 앞에서도 구차하게 얻는 것을 경계하였네. 이 몇 가지는 훌륭한 사대부들에게서도 쉽게 보기 힘든 모습이니, 이것이 내가 늘 자네를 경외하던 이유로 결코 과장하여 칭찬하는 것이 아니네.

아! 나는 이제 더 이상 세상에 미련이 없네. 하나 있는 아들은 여섯 살인데 아직 홍역도 치르지 않았으니, 나중 일은 알 수가 없네. 장례를 치르고 나면 남쪽으로 내려가 남은 여생이나마 편안히 마치고 싶은 것이 지금 나의 간절한 소원이네.

임종 때 장지를 어디로 정할지 자꾸 물은 것은 자네 뜻대로 해주기 위해서였는데, 대답을 듣지 못해 오래도록 망설였네. 처음에는 연산으로 가 그곳 선산에 묻으려 했는데, 얼마 있다 생각하니 연산도 내 고향이 아니라 계속해서 제향하리란 보장을 하기가 어려웠네.

그래서 선영 끝자락 남향 언덕에 장지를 정해 고양군의 선산 서쪽, 숙부인 부정공(副正公)과 귀인(貴人)의 장지 바깥쪽 남향 기슭에다 회곽(灰槨)을 마련한 뒤 시신을 안장하려 하네. 동쪽 안 기슭에는 조부 이하의 선영이 줄지어 있고 그 아래에는 서(庶)누이가 묻혀 있으니, 영혼이 지각이 있다면 의지할 곳이 없다고 여기지 않을 것이네. 훗날 무구가 장성하여 내 뜻을 헤아려 내가 마련한 장지로 자네 무덤을 옮겨주든지 아니면 내 무덤 옆에 나란히 묻어준다면, 저승에서 오래도록 의지하며 사는 게 이승에서 짧게 살다간 것보다 오히려 나을 것이네. 이를 기약할 수는 없지만, 자네가 지하에서라도 묵묵히 도와주기를 바라네. 아! 말은 다해가는데 정은 끊이지 않고, 목이 쉬어 곡 소리가 나오지 않는데도 슬픔은 끝이 없네. 영혼이 지각이 있다면 나의 이 슬픈 심정을 굽어 살피길……. 상향.

🌸 심홍명(鄭弘溟, 1582∼1650)

자는 자용(子容). 호는 기암(畸庵). 본관은 연일(延日)이며 시호는 문정(文貞)이다. 송강 정철의 아들로 대제학을 지냈으며, 문장에 뛰어나 윤근수의 고문풍(古文風)을 이어받은 것으로 평가된다. 이 글의 원 제목은 제망첩문(祭亡妾文)으로, 문집 『기암집(畸庵集)』에 실려 있다.

슬하에 자식도 없이, 말 한마디 남기지 못하고

황신

병진년(1616, 광해군 8) 10월 6일(계묘)에 남편 창원 황씨 신은 삼가 맑은 술과 제수를 차려놓고 죽은 아내 전주 이씨 부인의 영전에 고합니다.

가련한 부인은 어린 나이에 우리 집안에 시집와 온갖 고생을 하여, 즐거울 때는 별로 없고 괴로울 때가 많았소. 나는 본래 가난했지만 당신이 살림을 잘 꾸려간 덕분에 집안 제사를 잘 받들 수 있었다오.

당신과 부부가 된 지 어느덧 40년, 그 사이에 무슨 일인들 없었겠소.

지난 임진년(1592)에는 왜구를 피하느라, 당신은 어머니와 누이를 모시고 굶주림을 참아가며 나를 따라 행재소(行在所, 임금이 거동하여 임시로 머물러 있던 곳)로 갔소. 천리 먼 길을 떠나 있느라 친정부모가 돌아가실 때는 임종도 못 했소.

나는 적의 손아귀에 들어갔고 당신은 고향 집에서 어머니 봉양을 혼자 떠맡고 있었소. 내가 적진에 있는 4년 동안 당신은 내 생사를 몰라 애태웠고, 삼년상을 치르는 동안에는 실낱같은 목숨만 겨우 부지하고 있었소. 이런 나로 인해 당신은 시름에 잠겼고, 시름이 깊어지다 보니 건강을 해쳐, 늙기도 전에 먼저 쇠약해져 버렸다오.

가련한 부인은 반평생 병을 앓느라 초췌하고 쇠약해져 뼈만 앙상하게 남았소. 의원이 마음의 병이라 약을 써도 듣지 않으니 요양이나 잘 하라고 하기에, 마음 편히 여생을 지내길 바랐는데, 하늘이여! 어쩌자고 또 이런 변고황신이 계축옥사로 삭직되어 웅진으로 유배간 일를 내린단 말입니까.

가련한 부인은 늙어서까지도 운명이 기구하여 남편은 멀리 귀양 가 있고 하나밖에 없는 딸과는 생이별을 했소. 마음은 서쪽으로 달려가고 눈은 끝없이 남쪽을 바라보다 슬픔과 근심으로 초췌해졌으니, 이를 어찌 견딜 수 있었겠소. 강화도는 바닷가라 습기가 많고 바람도 심해 풍토가 몸에 맞지 않으니, 병든 몸을 이끌고 먼 길을 온 당신이 어떻게 괜찮을 수 있었겠소. 병이 점점 심해져 결국 더 버티지 못했으니, 내가 죄가 많아 이렇게 되고 말았구려. 가련한 부인은 타향에서 세상을 뜨고 말았구려. 병이 위독해지자 갑자기 숨이 가빠져 슬하에 자식도 없이 계집종이 지켜보는 가운데 말 한 마디 남기지 못했으니, 누군들 죽지 않겠소마는 당신보다 원통한 이는 없을 거요.

멀리 선산으로 상여가 떠나려 하는구려. 죄수로 갇힌 몸이라 멀리 전송도 못 하오. 당신은 가고 나는 남았으니, 어찌 훗날을 기약할 수 있겠소. 백년가약 맺은 사람을 하루아침에 떠나보내며 관을 어루만지며 영결하는 심정을 당신이 어찌 알겠소.

양주 서쪽 기슭은 나의 선영이오. 시부모님이 위에 계시고 며느리, 손자들도 옆에 있으니 죽어서도 의지할 데가 있어 그런대로 위안이 될 거요.

나도 늙고 병들었으니 산들 얼마나 더 살겠소. 살아서는 갇혀 있다지만 죽어서까지 매여 있지는 않을 테니, 죽어서는 당신과 한 무덤에 들어갈 거요. 지금은 이승과 저승으로 떨어져 있다 해도 영혼은 꿈속에서나마 통할 것이오. 물길은 다 달라도 땅 속의 근원은 한 줄기니, 부인이 떠났다 하여 무엇을 한스러워하며 무엇을 슬퍼하겠소.

상여는 아침부터 떠날 채비를 하는데 어디로 가려는 것인지…… 홀로 남을 내 신세를 생각하니 마음이 찢어지는 듯하오. 한 잔 술로 영결하니 흠향하기 바라오. 오호애재라! 상향.

✿ 황신(黃愼, 1562~1617)
자는 사숙(思叔). 호는 추포(秋浦). 본관은 창원(昌原)이며 시호는 문민(文敏)이다. 선조 때 전라도 관찰사 등을 역임했으며, 계축옥사 때 옹진에 유배되어 배소에서 죽었다. 이 글의 원 제목은 제부인문(祭夫人文)으로, 문집 『추포집(秋浦集)』에 실려 있다.

거칠게 대한 잘못을 속죄할 길 없어

정양

아! 당신이 죽었으니 이제 우리 집안은 망하고 나는 곧 죽겠구려. 우리는 대대로 청빈한 집안이었는데, 난리병자호란를 겪은 후로는 더욱 곤궁해져 제대로 보존하기가 어려운 상황이었소. 하지만 당신이 심력을 다 바쳐 집안을 지탱하여, 위아래 사람들은 마치 부잣집에서 풍요로움을 누리듯 편안하게 지냈다오. 그러다 보니 당신 속마음이 다 타서 천수를 누리지 못한 게 아닌지 모르겠소.

아! 우리 집안은 이제 망했구려. 외할머니께서 나를 길러주신 은혜를 당신에게 의지하여 정성스럽게 제사를 지내며 보답하려 했는데, 이제 나는 누구와 제사를 지낸단 말이오. 또 당신에게 의지하여 어린 자식들을 가르치고 혼인시키려 했는데, 이제 나는 누구와 아이들을 키운단 말이오.

아! 나는 병을 앓아 30년 동안 하루도 제대로 버틸 기력이 없었는데, 당신이 어린애를 대하듯 나를 잘 돌봐주며 때맞춰 먹여주고 철따라 입혀주었소. 집에는 쌀 한 톨 없었지만, 내가 술을 좋아하는 걸 알고 난리통에 도망가는 와중에도 술은 떨어지지 않게 해주었소. 심지어 삼척의 산중에서 식량이 떨어졌을 때, 당신은 소나무 껍질을 벗겨 먹어 굶주린 기색이 역력했지만, 나만은 평소와 다름없이 술 마시고 배불리 먹게 해주었소. 그런데 이제 누구를 믿고 술을 마셔댈 수 있겠소. 나도 당신을 따라 죽을 날이 얼마 남지 않았다는 것을 잘 안다오.

아! 맑은 기를 받은 자는 대부분 오래 못 사는데, 당신은 천성이 고결하여 남달리 맑고 순수했소. 그렇다면 이 정도밖에 못 사는 것도 당신 기가 너무 맑고 순수해서 그런 거요? 아니면 여자들은 피가 중요한데, 난리통에 자진하려다 피를 너무 많이 흘려 이렇게 된 거요? 어찌하여 갑작스레 나를 버리고 가버려 갈팡질팡 의지할 곳 없게 만들며, 끝없는 슬픔에 싸이게 한단 말이오.

아! 다 늙어 음직에 보임한 것은 순전히 생계 때문이었소. 내 소원은 한 고을의 수령으로 근근이 먹고 살며 나라의 은혜에 보답하는 거였소. 그러나 여러 해를 분주히 일하다가 그만 힘에 부쳐 휴직을 청하자, 올 정월부터는 얼마 안 되는 녹봉마저 끊어져 3월 이후로는 아궁이에 불을 때지 못한 날이 허다했소. 당신은 반평생 동안 지병을 앓아 입이 써서 제대로 먹지도 못했소. 거친 밥과 푸성귀는 먹어도 배가 부르지 않아 고기와 생선을 맛보이고 싶었는데 끝내 그러질 못했구려. 지금 내가 다행히 박봉이나마 다시 받게 되어 하얀 쌀밥에 과일과 고기를 차려놓고 흠향하기를 바라지만, 가능한 일이겠소? 깊은 슬픔으로 마음이 에이는 듯하고 한스러움이 끝없으니, 맛난 음식과 저민 고기인들 내 어찌 차마 목으로 넘어가겠소.

아! 당신은 10여 년 전 자식 셋을 연달아 잃은 뒤 병이 심해져 그 뒤로 다시는 건강을 찾지 못했소. 부모상을 당해서도 가 뵙지 못해 한스러워 하더니, 그 통한이 평생 가슴에 맺혀 부모 생각에 하루도 눈물 흘리지 않은 날이 없었소. 이른바 '나이 오십에도 부모를 그리워한다'는 말을 나는 부인을 보고 알았다오.

얼굴색이 까맣게 타들어가 옛날의 꽃다운 모습을 다시 볼 수 없게 되었는데도, 내가 어리석어 근심걱정도 하지 않았구려. 나는 줄곧 신경쇠약으로 당신에게 마구 화를 내고 욕을 하며 마치 원수나 해충 보듯 '왜 안 죽나' 하기까지 했소. 내가 함부로 거칠게 대한 잘못을 속죄할 길이 없구려. 앞으로 나는 결코 새 장가를 들거나 첩을 두지 않을 것이며, 고생고생하면서 여생을 마칠 작정이오.

아! 모든 일이 끝났으니 이 나이에 무슨 낙이 있겠소. 나처럼 부모형제 없이 외로운 사람에게 그나마 위안이 된 것은 좋은 아내를 둔 것이었는데, 이제 그런 당신마저 잃었으니 내 슬픔이 어떠하겠소. 산다는 것은 잠시 이 세상에 붙어 사는 것이고 죽는 것은 본래의 집으로 영원히 돌아가는 것이니, 죽어서는 당신과 함께 묻히리다. 머지않아 함께 지내리라는 것을 아니 공연히 슬퍼할 필요는 없겠지만, 앞으로 살아가는 동안의 괴로움을 어찌 감당해야 할지가 걱정일 뿐이오. 어린 자식들을 가르치고 기르는 책임이 너무 버거워 온 신경이 거기에 다 가 있는데, 어찌하여 당신은 이런 나를 두고 눈을 감는단 말이오.

발인이 내일이기에 조촐하나마 술과 숭어, 배와 수박 등 평소 당신이 좋아했으나 실컷 먹어보지 못한 것들을 차려놓고 당신의 죽음을 통곡하는데, 하늘의 뜻은 알 수가 없구려.

정양(鄭瀁, 1600~1668)

자는 안숙(晏叔). 호는 부익자(孚翼子), 포옹(抱翁). 본관은 영일(迎日)이며 시호는 문절(文節)이다. 병자호란 때 난을 피해 강화도로 갔으나 성이 함락되자 자살하려다 실패했다. 한성부 서윤 등을 지냈으며, 송시열 등과 교유했다. 이 글의 원 제목은 제망실이씨문(祭亡室李氏文)으로, 문집 『포옹집(抱翁集)』에 실려 있다.

슬픔이 병이 되어

이은상

오호애재라! 당신과 내가 같은 해에 태어났으니 죽는 것도 같이 죽어야 마땅하거늘, 어찌 하루아침에 나를 버리고 미련도 없이 먼저 떠나 다시 온다는 기약도 하지 않는단 말이오. 허전한 마음 이루 형용할 수 없고, 도무지 사는 낙이라곤 없구려. 세월은 쉬 흘러 벌써 소상(小祥, 죽은 지 1년 만에 지내는 제사)이 다가오고 있는데, 상을 당한 이 슬픔은 날이 갈수록 더 커지기만 하는구려.

당신은 명문가에서 태어나 총명하고 정숙한 데다 공손하고 단정하며 여자로서의 범절을 지녔기에 친정부모와 친척들 모두 당신을 특별하게 여겼소. 열다섯에 우리 집안에 시집와서도 행동거지가 반듯하고 경망스럽지 않아, 부모님께서 자주 칭찬하셨고 할아버지 내외분도 남달리 예뻐하셨소. 그때는 부모님과 조부모님 모두 무고하게 살아 계실 때라 세상사가 고생스럽고 슬프다는 걸 미처 몰랐소.

아! 정축년의 변란(병자호란)을 어찌 차마 말로 하겠소. 온 식구가 강화도로 피난 가 오두막에 머물고 있을 때, 오랑캐가 쳐들어와 흉적의 칼날이 할아버지 내외분이 계시던 곳에 들이닥쳤소. 아버지와 큰아버지께서 눈물을 흘리며 온몸으로 시퍼런 칼날을 막아내자, 적들도 차마 칼날을 휘두르지 못하고 주춤했소. 아버지께서는 이래서는 끝내 목숨을 보전하기 어렵겠다고 하셨는데, 어머니가 적을 앞쪽 길로 유인해 결국 큰아버지는 화를 면하고 조부모님도 보호할 수 있었소. 나머지 식구들은 아버지를 따라 울면서 길을 떠났는데, 당신은 할머니와 남아 감히 우리를 따라나서지도 못하고 울음을 삼키며 가슴만 치고 있었소. 나 또한 어머니를 책임지고 있어 당신에게까지 생각이 미치지 못했기에 당신이 할머니 곁에 있다는 것도 까맣게 잊고 있었소.

성 아래에 이르자 그들 임금의 명령으로 오랑캐들이 선조(先祖, 저자의 조부인 월사月沙 이정구李廷龜)의 가솔들을 모두 풀어주어 풀려날 수 있었소. 어머니께서는 전쟁으로 이렇게 혼란스런 와중에 아녀자가 구차히 살아 뭐하겠느냐며, 정신없는 틈을 타 한밤중에 몰래 허리끈으로 목을 매어 자결하셨소. 하늘이여, 하늘이여! 애통하고 애통하구려.

당신은 아녀자 혼자 몸으로 큰아버지 내외분을 따라 구사일생으로 살아나, 어린 계집종 하나와 함께 할머니를 부축하여 나루터에 다다랐소. 어머니께서 자결하실 때 당신만 몰랐으니, 이는 생사에는 정해진 운명이 있어 사람의 힘으로 어찌할 수 없어서인가 보오.

아버지를 모시고 적의 소굴을 빠져나와 교동에서 할머니를 뵐 수 있었소. 할머니께서는 병세가 위중하시어 당신의 무릎을 베고 누워 계시다 눈물을 흘리며 "며느리가 절개를 지키다 죽었으니, 내가 또 무슨 한이 있겠느냐. 우리 손자며느리가 위험한 곳에서 나를 부축해 여기까지 데리고 왔구나. 쯧쯧, 가여운 것……." 하셨소. 큰 아버지께서도 내게 "네 처가 난리통에 우리를 따라왔는데, 슬퍼하고 근심하는 모습이나 언행과 처사가 모두 법도에 맞아 우리 내외가 칭찬하지 않은 적이 없었다." 하셨으니, 당신은 이렇게 많은 칭찬을 들었다오.

난리가 조금 진정되어 온 식구가 모두 시골에 가서 살게 되었소. 당신은 아직 어린 두 동생과 세 누이동생을 마치 친형제처럼 돌봐주었고, 궁색한 살림을 고생스레 꾸려가면서도 혼례까지 치러주었소. 아버지의 가르침을 따라 그렇게 한 것이라고는 해도, 부인이 집안을 잘 꾸려간 공로 또한 적지 않을 거요.

아! 내 운명이 기구하여 여러 번 낙방하고서야 겨우 과거에 급제할 수 있었소. 부모님 생전에 입신양명하지 못하고 보니, 재상의 지위에 올랐어도 생전에 효도를 못다한 데 대한 뒤늦은 자책을 금할 길이 없구려. 자식을 늦게 얻긴 했지만 아들과 사위 모두 이른 나이에 출세하여 성상을 가까이에서 모시게 되었소. 그러기에 나는 항상 조심스런 마음으로 영화를 두려워하고 있었는데, 지나친 복이 재앙을 불러들였는지 결국 외아들이 요절하고 말았소. 사랑하는 자식을 잃은 슬픔이야 여인네가 더 심한 법이라, 당신은 정신이 쇠약해져 음식을 거의 입에 대지도 못할 지경이었소. 아! 젊어서는 건강했는데 가족의 상을 당하고부터 슬픔이 병이 되고 말았구려. 작년에 어쩌다 걸린 감기가 점점 심해져 차마 손놓고 있을 수가 없어 침

작자 미상, 《평생도》 중
〈소과응시(小科應試)〉, 19세기,
종이에 담채, 130×36cm, 국립중앙박물관
소과는 생원과 진사를 뽑던 과거시험으로
생원진사시(生員進士試)라고도 한다.

도 놓고 뜸도 뜨고 온갖 처방을 다 써봤지만, 의원들도 손을 들고 백약이 무효였소. 반년을 고생했지만 결국 살려낼 수가 없었구려. 오호통재라!

상복 입을 아들이 없어 외손자에게 대신 전(奠)을 올리게 하니, 홀로된 며느리는 슬픔을 머금고 있구려. 나 홀로 관을 들어 선산에 장례 지냈소. 부모님께서 가까이 계시고 아들도 곁에 있어 세 무덤이 서로 마주 대하고 있으니, 한방에 도란도란 모여 있는 것 같소. 장례는 모든 걸 유감없이 잘 치렀으니 혼백이야 위로가 되겠지만, 늙은이의 이 슬픔은 어찌 감당해야 할지…… 매사에 슬픔만 더해 가는구려. 오호애재라!

3월 9일 첫닭이 울고 아들이 죽었는데, 조금의 오차도 없이 당신도 같은 달 같은 날 같은 시에 똑같이 죽다니, 어쩌면 이리도 처참하고 기이하단 말이오. 훗날 제사 지낼 때 어찌 차마 아들과 어미의 혼령을 한 날 한 시에 곡한단 말이오.

아! 나 홀로 우두커니 방에 있으려니, 하룻밤이 1년 같구려. 침상 위는 적막하고 사람 소리는 들리지 않소. 간혹 창문을 열고 안채를 바라보면 상청이 있고 마루는 고요한데, 당신 모습이 여느 때처럼 눈앞에 삼삼하게 아른거리는구려. 지금의 이 심정이 언제나 나아질는지…….

아! 둘째 형님이 일찍 돌아가시고 형수마저 돌아가시자, 당신은 형님댁 막내딸을 친자식처럼 사랑하며 길러주었소. 먼 친척 가까운 친척 할 것 없이 모두 화목하게 지냈으며, 궁핍한 사람들을 도울 때

도 인색한 기색이라곤 전혀 없었소. 재물에 욕심이 없었으며 구차하게 얻는 걸 늘 경계했소. 사람을 대할 때는 진심으로 대했기에 그들도 당신을 의지하고 어머니처럼 우러러보았소. 당신이 죽자 부모를 잃은 듯 슬퍼하고 시간이 흐를수록 추모의 정이 더해만 가니, 부인의 남다른 행실이 내 애도의 심정을 나날이 새롭게 하는구려.

아! 여생을 혼자 외롭게 보내야 하니, 누가 나와 마음을 터놓고 이야기할 거며 또 내가 춥고 굶주린들 누가 나를 염려해주겠소. 깊은 근심으로 늙고 병들어 세상에 대한 미련이라곤 없는데, 제사 모실 때 제수는 누가 마련한단 말이오. 집안 일을 맡을 사람이 없으니, 늘그막의 내 심사를 달랠 길이 없구려. 혹시라도 훗날 어쩔 수 없이 새 장가를 든다 해도, 지난날을 생각하면 더 이상 부부간의 즐거움은 없을 거요.

이제 겨우 포대기를 벗어난 불쌍한 손자는 내가 부모 노릇까지 겸해 돌보고 있소. 그러니 당신도 여기에 마음을 쏟아 묵묵히 도와주구려. 이 아이가 잘 자라 우리 집안을 잇게 된다면, 살아 있는 나의 책임도 조금은 메울 수 있을 거고, 구천에 있는 당신 영혼도 편히 눈감을 수 있을 거요. 우리 정을 말로 표현하자니, 한 글자 한 글자 쓸 때마다 가슴을 저미는 듯하구려.

아! 내가 응제관(應製官, 왕의 특명으로 치르는 과거의 감독관)이 되어 은혜롭게도 새로 자급(資級, 벼슬아치의 위계 등급)을 받았소. 사위도 승진하여 젊은 나이에 출세하자 사람들이 모두 축하하는데, 나는 더 슬퍼지는구려. 슬퍼해야 할 일에 슬퍼하는 거야 당연하지만, 기뻐해야 할 일에도 슬퍼지니, 언제나 슬퍼하지 않게 되는 지…….

예제는 정해져 있어 기년복(朞年服, 상을 지내는 동안 1년간 입는 옷)을 벗고 소상을 지내려 하오. 어른, 아이 할 것 없이 친척들이 예전처럼 다 모였는데, 당신만 어디로 가서 보이지 않는단 말이오. 만감이 교차하여 목이 메어 말을 맺지 못하겠구려. 영혼이 지각이 있다면 와서 흠향하기 바라오.

🌸 이은상(李殷相, 1617~1678)

자는 장경(長卿), 열경(說卿). 호는 동리(東里). 본관은 연안(延安)이며 시호는 문양(文良)이다. 형조판서, 도승지 등을 지냈다. 이 글의 원 제목은 망실정부인연제제문(亡室貞夫人練祭祭文)으로, 문집 『동리집(東里集)』에 실려 있다.

이관명

오호통재라! 내가 당신과 부부의 연을 맺은 지 겨우 25년이 흘렀소. 시간은 얼마 되지도 않았는데, 그 동안 집안에 화가 끊이지 않아 슬픔으로 마음을 태우느라 우리 두 사람은 혼이 녹아내리고 오장이 타서 남아 있는 게 거의 없을 지경이라오. 그런데 이제 당신이 나를 버리고 먼저 가서 위로해주는 사람 없이 나 혼자 끝없는 슬픔에 싸였으니, 하늘이여! 사람이여! 어찌하여 이 지경에 이르게 한단 말입니까?

임신년(1692)에 고생고생하며 피난을 갔는데, 바닷가에서 풍토병을 만나는 바람에 집으로 돌아올 수 없었소. 어린 자식들이 제대로 조리를 못한 데다 마침 큰 역병이 돌아 아이들 모두 오두막에 드러누워 앓게 되었소. 당신과 내가 아이들을 보듬어 안고 밤낮으로 애를 태웠지만, 궁벽한 곳이라 처방도 제대로 하지 못한 채 열흘 사이에 잇따라 세 아이가 죽고 말았다오. 연못에 구슬을 빠뜨리고 타는 불길 속에 보옥을 태우는 격이었으니, 가슴을 쳐봐도 아무 소용이 없었소. 이 어찌 사람이 견딜 수 있는 일이겠소. 심신이 피폐해지고 기운이 떨어져 내가 백일 동안 앓으며 거의 죽다 살아난 것도 이 일이 계기가 되어서고, 당신이 결국 이 지경이 된 것도 실로 이 때문이라오.

오호통재라! 벌써 거의 10년이 다 된 일이구려. 다행히 큰아이는 장성해 가정을 꾸려 아이도 둘을 낳았소. 그 아이들이 옆에서 재롱을 부리니 위안이 될 만도 한데, 자리에 누우면 아직도 눈물이 마르지 않는구려. 이 생각을 하면 뼛골이 시려오고 칼날이 살을 저미는 듯해 사는 낙이 없구려. 하물며 부인이야 소심하고 마음도 여리니 더 말해 무엇 하겠소.

때때로 당신이 눈물을 가득 머금은 채 멍하니 있는 것을 보고 걱정이 되어 물으면, 속에 응어리가 맺혀 풀리지 않는 것 같다고 했소. 아! 여리기만 한 당신이 10년을 한결같이 애태우며 살았으니, 어떻게 견딜 수 있었겠소. 당신의 어여쁜 자식들이 대부분 저 세상에 갔으니, 이제 당신은 돌아가서 모자간에 예전처럼 지내겠구려. 지난 10년간의 고통이 너무도 생생하여 당신이야 이 세상에 연연할 것이 없겠지만, 홀로 남은 나는 집에 들어서면 텅 빈 방이 쓸쓸하기 그지없고 집 밖에 나가면 어린아이 울음소리가 들려, 슬프고 마음 아프고 답답하여 안절부절못하겠구려. 주위 사람들도 이런 나를 위해 한숨짓는데, 당신은 어찌 차마 나를 버리고 한번 가서는 돌아보지도 않는단 말이오?

오호통재라! 당신 집안은 대대로 옛날 마황후(馬皇后)나 등황후(鄧皇后)"에 비견될 정도로 훌륭한 집안인 데다, 상국(相國)""

의 문장과 덕업이나 상서(尙書)▪▪▪의 명성과 절의 모두 세상에 드물 정도로 빼어났소. 장인인 상서공께서는 여러 차례 자식을 잃고 만년에야 당신을 얻어, 아들보다 더 애지중지하셨소. 부귀한 집안에서 자랐으면서도 호사한 습성을 좋아하지 않아, 친척들은 당신의 소박한 성품과 고아한 절조를 입이 마르게 칭찬하여 모두가 알고 있었다오. 선친과 상서공은 대대로 우의가 깊어 사돈을 맺자고 약조하셨소. 당신은 한미한 집안에 시집왔지만 효성을 다해 시부모를 섬겨 집안에 이러쿵저러쿵하는 말이 없었소. 내가 복이 없어 선친께서 세상을 뜨시고 모친께서는 연세가 많은 데다 중병까지 앓고 계셨소. 당신은 어린 나이에 살림을 도맡아 노심초사하며, 시어머니를 섬기고 자식들 키우느라 여념이 없으면서도 예법에 한 치도 어긋남 없이 제사상을 보았소. 심지어 장신구를 팔아 제수를 마련하기까지 하며 성심을 다했고 귀찮은 기색을 보이지 않아, 내가 참으로 경탄해 마지않았다오.

나는 어려서부터 과거공부에 전념했지만 장성해서도 낙방만 거듭하다 나이 사십이 되어서야 비로소 급제하여, 분수에 넘게 사적

▪ 마황후는 후한(後漢) 명제(明帝)의 비(妃)인 명덕마황후(明德馬皇后)로 복파장군(伏波將軍) 마원(馬援)의 딸이며, 등황후는 후한 화제(和帝)의 비인 화희등황후(和熹鄧皇后)로 태부(太傅) 등우(鄧禹)의 손녀다. 모두 현숙하고 덕이 있어, 보통 훌륭한 집안을 가리킬 때 쓰인다.
▪▪ 부인 덕수 장씨의 조부인 계곡(谿谷) 장유(張維). 인조반정에 가담해 정사공신(靖社功臣)에 녹훈되었다. 서화와 문장에 뛰어나 이정구, 신흠, 이식 등과 함께 조선문학의 4대가로 일컬어진다.
▪▪▪ 부인 덕수 장씨의 부친인 장선징(張善澂)을 가리킨다.

(仕籍)에도 이름이 올라 청현직(淸顯職, 청직과 현직을 이르는 것으로 학식과 문벌이 높은 사람에게 주는 벼슬)에 오르게 되었소. 사람들이 모두 축하했고, 나도 내심 다행스러웠다오. 그런데 당신만 유독 경계하며 "세상이 험난하여 사람 일이란 알 수가 없으니, 당신께 양홍(梁鴻)*과 같은 뜻이 있다면 저는 맹광(孟光)**의 가난도 개의치 않겠습니다." 하였소. 이에 내가 "한적한 바닷가야말로 내가 좋아하는 곳이오. 당신이 그렇게 말을 하니 당신과 함께 가야겠지만, 어머니께서 병환 중이시라 한양에서 멀리 떠날 수가 없구려. 훗날 벼슬을 그만두고 두문불출한 채 집 안에만 머물 것이니, 그리 되면 당신의 경계를 저버리지 않는 게 될 것이오." 하였소. 하지만 어영부영 세월은 흘러 이 계획은 흐지부지되었는데, 당신은 이제 먼저 떠나고 말았구려. 나는 이제 더더욱 벼슬할 생각은 없고, 한적한 곳에 숨어 살며 아이들이나 가르치려 하오. 아이들이 잘 되어 가업을 실추시키지 않아 구천에 있는 당신에게 근심을 끼치지 말아야 할 텐데……

오호통재라! 하늘이 착한 사람에게 복을 준다는 게 사실이요, 아니요? 사실이 아니라면 어찌하여 『주역』에 '선을 쌓은 집안에는 경사가 있다'는 글이 있으며, 어찌하여 성인께선 '착한 사람은 반드

* 중국 후한 때 선비로, 집안은 가난했으나 절개를 숭상해 패릉산에 들어가 밭을 갈며 살았다.
** 양홍의 아내. 맹광은 밥상을 차려 들고 올 때 눈썹 높이로 상을 들어 남편에 대한 공경을 표시했다고 한다.

시 장수한다'는 말씀을 하셨단 말이오? 혹 사실이라면 어째서 당신처럼 곧고 차분하게 마음을 다잡아 죽을 때까지 선을 행한 사람이 혼자만 혹독한 화를 겪은 것도 모자라 오래 살지도 못한단 말이오? 내가 못나 일컬을 만한 선행이 하나도 없다 해도 평생을 되짚어 볼 때 벌 받을 만큼 극악무도한 죄를 짓지도 않았소. 그런데 아들딸을 곡하느라 눈물이 마를 날이 없다가 배필마저 잃은 한낱 기구하고 궁박한 홀아비가 되었으니, 천리라는 게 있는지 없는지 모르겠소.

오호통재라! 우주는 끊임없이 순환하며 생멸이 반복하여 잘났건 못났건, 귀하건 천하건 모두 티끌로 돌아가게 마련이오. 그러고 보면 8백 세까지 살았다는 팽조(彭祖)나 노담(老聃, 노자의 별칭)이 꼭 장수했다 할 수도 없고 어린 나이에 죽었다고 하여 꼭 요절했다고 할 수도 없으니, 만고에 육신을 가지고 따질 게 뭐 있겠소. 이제 당신은 속세의 번뇌를 벗어나 우주를 어엿한 집으로 삼고 편히 잠들어 있는데, 이 세상에 남은 나는 참된 집으로 가기 위해 길을 헤매며 잠시 지체하는 나그네로 살고 있다오. 그러니 슬퍼해도 소용없고 도리어 달관한 사람들의 웃음거리가 되리라는 걸 내 어찌 모르겠소. 그런데도 눈물이 흐르는 것을 금할 수 없고, 날이 갈수록 점점 더 마음이 문드러지기만 하니, 이는 실로 마음속에 지극한 한이 있어 후회해도 소용없기 때문이라오.

우리 아이들이 얼마 못 살고 죽은 것이 어찌 세 아이의 운명이 같아서겠소. 이리저리 떠돌아다니느라 제대로 보살피며 치료해주지 못해 모두가 재액을 면치 못한 것이니, 다 내 잘못이오. 당신은 여러 해 동안 병을 앓느라 핏기 없이 날로 초췌해지고 화기가 치성해 기침과 해소가 일어났소. 의원들도 모두 위중하다 하며 죽을 사람을 살릴 선약이 아니면 가망이 없다고 했소. 그런데도 나는 근래 대궐에서 직숙하느라 몇 달을 궐 밖으로 나오지 못했고, 간혹 공무로 나올 때도 잠시 들러 당신을 살펴보기만 했지, 끝내 편작(扁鵲)이나 노의(盧醫) 같은 세상의 명의들을 찾아다니며 의술을 펴보게 하지도 못했다오. 더 이상 손쓸 수 없게 되어서야 정신없이 달려가 보니, 당신은 병상에 누워 가느다란 숨만 겨우 쉬고 있었소. 열이 나는 자는 차갑게 하고 허약한 자는 기운을 보해줘야 한다는데, 나는 마치 물에 빠진 자를 건져낼 방법을 모르는 것처럼 망연자실하기만 했소. 날마다 온갖 약을 먹여 보아도 아무 효험이 없다가 눈깜짝할 사이에 초혼을 하게 되었으니, 다 내 잘못이오. 진작 이럴 줄 알았더라면 어찌 하루라도 병든 당신을 버려두고 대궐에서 오래도록 벼슬살이하는 영화를 달가워했겠소.

오호통재라! 당신을 위해 선영에 묏자리를 잡아두었소. 이곳은 5대에 걸쳐 조상들이 묻혀 있는 곳이오. 등성이를 사이에 두고 선친의 무덤이 가까이 있고 큰며느리도 이곳에 묻혀 있으니, 당신도 여기에 묻히는 걸 맘에 들어 할 것 같소. 타향에 묻힌 아이들 유골도 수습하여 당신 곁에 묻어, 우리 세 아이의 영혼을 위로하려 하오. 그리고 당신 오른편을 비워두고서 내가 같이 묻힐 날을 기다릴 것이오. 나는 올해 겨우 마흔여덟인데 질병이 침노해 바싹 마르고 피곤하며 대머리에 이까지 빠져버렸으니, 당신을 따라갈 날도 얼마 남지 않았소. 죽어서도 영혼이 있다면 당신과 저 무덤 아래서 함께 노닐며 이승에서 끝맺지 못한 인연을 마저 이어가려 하오. 만약 영혼이 없다면 애정도 사랑도 깨끗이 벗어버릴 테니 그것도 유쾌할 것이오. 썩어 없어질 육신을 끌고 다니며 고해 속에서 오래도록 이렇게 무한한 슬픔에 싸여 있을 게 뭐 있겠소.

영구가 멀리 떠날 날이 임박하여 수레에 멍에를 메우려 하오. 길에는 눈이 쌓여 꽁꽁 얼어붙고 층층이 쌓인 얼음은 높은 산을 이루었구려. 텅 빈 들녘은 잔뜩 흐리고 슬픈 바람은 눈동자를 쏘아대는데, 아득한 천지에 이 한은 그칠 날이 없구려. 관을 어루만지며 통곡하자니 억장이 무너지고 애간장이 끊어지는구려.

🌸 이관명(李觀命, 1661~1733)

자는 자빈(子賓). 호는 병산(屏山). 본관은 전주(全州)로 시호는 문정(文靖)이다. 1722년 신임사화로 유배 가 노복이 되었다가, 1725년 풀려나 우의정에 이어 좌의정에 올랐다. 이 글의 원 제목은 제망실덕수장씨문(祭亡室德水張氏文)으로, 문집 『병산집(屏山集)』에 실려 있다.

서둘러 먼저 떠난 그대

술잔을 잡고 깊이 슬퍼하며

신익성

죽은 아내 옹주의 발인이 며칠 남지 않아 동양위 신익성은 이 해 12월 임자일에 노복에게 제구(祭具)를 갖추게 하고 술잔을 잡고 깊이 슬퍼하며 전을 올려 고합니다.

함께 고생하며 산 남편과 사랑으로 기른 자식을 헌신짝 버리듯 버리고 떠나갔구려. 당신이 모시던 시아버지가 곡하며 전을 올리는 줄도 모르고, 또 당신이 어여쁘게 여기던 어린것이 어미를 잃고 애처롭게 울고 있는 줄도 까맣게 모르고 있구려. 아! 육신은 비록 죽었지만 영혼은 지각이 있을 테고, 영혼에 지각이 있다면 분명 내 정성에 감복하여 내 말을 들어줄 것이오.

당신이 고생하며 기르던 아이들과 모시던 시아버지, 어여뻐하던 어린것까지 모두 내게 맡겨두고 영영 가버린 것은 어째서인 거요? 나는 몇 년 전부터 몹시 쇠약해져 갈수록 몸이 마르고 머리가 세고 있소. 봄·여름을 지나고부터는 먹는 것도 자는 것도 더 줄었다오. 당신은 내가 병이라도 들까 걱정하여 술 좀 자제하고 외출을 줄이라고 했소. 그리고는 "저는 요사이 음식이 더 맛있고 기운도 더

솟아 피부도 전보다 좋아졌어요"라며 자랑했는데, 그 말을 한 지 며칠도 안 되어 갑자기 병이 들고 말았소. 이미 병이 심해졌는데도 며칠만 지나면 나을 거라고 하더니, 어찌하여 갑자기 이렇게 되었단 말이오. 당신은 자신을 너무 몰랐구려. 자신의 정신과 근력이 남보다 좋다는 것만 믿고 몸을 너무 혹사하여 결국 이렇게 된 거요? 아니면 당신은 본래 긴 수명을 타고났는데 박복한 나를 만나 이렇게 된 거요? 실로 못난 내가 허물이 많아 이렇게 된 것이지, 당신 탓이 아니라오.

당신과 내가 어찌 배우자로서의 정의(情誼)만 있겠소. 당신은 잠자리에서 좋은 친구처럼 유익한 조언을 해주기도 했고, 환란을 겪으면서도 평소의 곧은 행실을 지켰다오. 일마다 내 잘못을 가혹하리만치 지적해 바로잡았지만 태도는 공손했고, 내 장점을 보면 더욱 권면해주어 내조해준 바가 적지 않았소. 당신의 아름다운 덕을 고스란히 내 마음속에 간직하고 있는데 관 속에 누운 당신은 두드려도 아무 대답이 없으니, 이 어찌 사람이 견딜 수 있는 일이겠소.

당신은 내게 "화와 복은 서로 뒤따르는 법이지요. 우리가 곤궁해진 지 오래되었으니, 이제 운이 풀리겠지요. 우리가 10여 년만 더 살면 자식들 혼인은 다 마칠 수 있을 테니, 그렇게 되면 그것도 복이지요"라고 했소. 우리가 복이 많은 걸 조물주가 시기해 천리의 어긋남이 이 지경에 이른 것인지…….

제사처럼 중요한 일을 누구와 마련하고, 자식들 혼사는 누구와 준비한단 말이오. 누구와 함께 기쁨과 슬픔을 나누며, 누구와 함께 지낸단 말이오. 앞으로의 삶이 어떨지는 뻔히 짐작할 수 있소. 당신이 떠난 뒤 문득 더 살고 싶은 마음이 없어졌소. 그러나 연로하신 아버지와 아이들이 있고 당신 장례도 아직 마치지 않았기에, 억지로 밥 먹고 슬픔을 억누르며 이 일 저 일을 처리하고 있소.

당신을 염하고 며칠 있다가 맏며느리와 큰딸, 작은며느리, 그리고 당신이 평소에 부리던 하인들까지 다 불러 모아 곳간을 열어 보이며 대소를 불문하고 모든 것을 다 장부에 적어두게 했소. 당신이 영이의 혼수로 장만해둔 것은 상자에 담아 따로 보관하고, 열쇠와 장부는 모두 맏며느리에게 주었소. 당신을 묻고 나면 집안 살림을 모두 자식과 며느리들에게 맡기려 하오. 수입을 헤아려 지출하고 집안 사람들을 잘 다독여 모든 것을 한결같이 당신이 살아 있을 때처럼 하여 당신 뜻을 저버리지 않을 것이오. 황씨 집안과의 혼사는 상기(喪期)가 끝날 때까지 늦추기로 했소. 설이와 종이는 동생 의창군(義昌君)이 데리고 갔소. 의창군은 의리가 있고 그 부인도 현숙하니, 아이들을 자기 자식처럼 잘 키워줄 것이오. 아이들이 잘 자라주면 지하에 있는 당신 응어리도 조금은 풀릴 것이오.

성상께서 당신의 죽음을 애통해 하신 은혜는 망극하기 그지없고, 재상이 당신 덕을 기려 써준 묘지(墓誌)는 백 대(代)가 흘러도 썩지 않을 거요. 나는 당신을 위해 수백 리 길을 말을 몰고 달려가 광릉 동쪽에 터를 잡았소. 그리고 훗날 함께 묻힐 요량으로 묘도의 오른편은 비워두었소. 이젠 나도 늙었으니, 이 세상에 얼마나 더 살겠소. 길어야 수십 년, 짧으면 몇 달이 될지도 모를 일이오. 그러니 당신과 떨어져 있을 날은 얼마 안 되고, 함께할 날은 무궁할 것이오. 달관한 자의 경지에서 보면 먼저 가고 뒤에 가는 차이일 뿐인데, 나도 모르게 하염없이 눈물이 흐르고 목 놓아 통곡하게 되는구려.

　부들자리를 깔고 앉아 차를 마시고 글이나 읽으면서 여생을 마치려 하오. 참으로 쓸쓸한 인생이지만 이것도 내 운명이구려. 아! 옛날에는 당신이 음식을 차려주었는데 이젠 내가 음식을 차려 당신을 대접하니, 인사란 이렇게 변해가는 것인가 보오. 오호통재라!

🌸 신익성(申翊聖, 1588~1644)

자는 군석(君奭). 호는 낙재(樂齋), 낙전당(樂全堂), 동회거사(東淮居士). 본관은 평산(平山)이고 시호는 문충(文忠)이다. 선조의 부마(駙馬) 동양위(東陽尉)로, 정묘호란 때는 세자를 호위해 전주로 피난갔고 병자호란 때는 남한산성에서 왕을 호종하며 끝까지 척화를 주장해 선양으로 붙잡혀갔다 돌아왔다. 이 글의 원 제목은 제망실정숙옹주문(祭亡室貞淑翁主文)으로, 문집 『낙전당집(樂全堂集)』에 실려 있다.

어미 없는 아이들을 살펴주구려

민유중

계축년(1673, 현종 14) 2월 12일(임자)에 자헌대부(資憲大夫) 형
조판서 겸 지경연(知經筵) 춘추관사(春秋館事) 세자우빈객(世子
右賓客) 민유중은, 내일 죽은 아내 정부인 은진 송씨의 장례를 치
르기 위한 제반 준비를 마치고 영전에 맑은 술과 몇 가지 제수를 올
리며 곡하고 고합니다.

　아! 부부가 해로하는 경우는 흔치 않소. 장수하건 요절하건 간
에 누구나 죽는다는 것은 고금의 통상적인 이치이니, 달관한 자가
본다면 뭐 그리 슬퍼할 일도 아니오. 그러나 슬퍼할 일이 아니라는
것을 알면서도, 당신을 여의고 슬퍼하지 않을 수가 없다오. 슬퍼하
는 것이 내가 못나 이치에 통달하지 못해서인지, 아니면 정이 깊어
그만두려 해도 그만둘 수 없는 것인지 모르겠구려.

　당신의 온유한 성품과 효성스럽고 우애로운 성정은 하늘에서
타고나 여느 사람들보다 아름다웠소. 친정에서는 부모님의 사랑을
듬뿍 받았고, 시집와서는 우리 할머니와 선친을 섬길 적에 공경하
고 순종했으며, 시누이들이나 위아래 동서들 간에도 우애 있고 겸

손하게 처신한다고들 했소. 집안의 노복들을 거느릴 때는 그들의 잘못을 다스려 선으로 인도했고, 원근의 친족들을 대할 때는 각자에 맞게 할 도리를 다했소. 남들을 대할 때도 성심으로 미덥게 하여 화기애애했으니, 당신의 심덕은 이렇게 순수했다오.

처음 당신이 우리 집 며느리가 되었을 때, 어머니께서 돌아가신 지 이미 3년이 지난 뒤라 미처 뵙지도 못했소. 이어 우리 할머니와 당신 어머니께서도 차례로 돌아가시고, 7년 뒤엔 우리 아버지마저 돌아가시어, 애통한 마음을 지니고 산 것이 7~8년이었소. 나는 당신의 불행한 운명을 남몰래 탄식하면서도, 어질고 착한 사람은 장수를 누리고 복을 받는다는 진리가 퇴색되지 않는 한, 당신의 덕에 걸맞게 말년에라도 꼭 복록을 누리리라 생각했소. 그런데 한번 병이 들자 일어나지 못하고 나이 서른여섯에 세상을 뜨고 말았으니, 천도라는 게 과연 옳다 하겠소? 그러니 내가 아무리 슬퍼하지 않으려 해도 그게 가능하겠소?

당신과 7남매를 두었는데, 큰딸은 벌써 시집을 갔고, 관이는 관례만 치르고 아직 장가도 들지 않았으며, 인이는 아홉 살, 그 밑에 딸아이후에 인현왕후가 되었다는 여섯 살, 그 밑에 딸 신이는 돌이고, 강보에 싸인 쌍둥이 두 딸은 당신이 임종하면서 남긴 아이들이오. 비록 장수하진 못한다 해도 일이십 년만 더 살아 이 어린것들이 커서 모두 시집, 장가 가는 것을 볼 수 있었다면 당신이나 나나 여한이 없을 거요. 아니, 일이십 년은 못 산다 해도 1~2년만 더 살아 관이가 아내를 맞는 걸 볼 수만 있어도 좋았을 텐데, 그마저도 안 되는구려. 조물주는 어쩌면 그리도 빨리 데려가시는지……. 핏덩이 두 아이의 이름은, 먼저 난 애는 '정성', 뒤에 난 애는 '정제'라고 지었소. 아이가 태어나 아비가 이름을 지었는데도 어미는 알지 못하니, 이것이 어찌 사람 사는 거라 하겠소. 애통하기 그지없구려.

나는 늘 불효를 저질러 제대로 부모님을 봉양하지 못한 것을 슬퍼했고, 당신 역시 시어머니 얼굴조차 뵙지 못한 것을 평생 한으로 여겼소. 그래서 아이들이 곁에서 장난치는 걸 볼 때마다 아이들을 가리키며 농담처럼 "사람이 어떻게 하면 언제나 어릴 때처럼 부모가 계속 살아계시고 형제가 무고하게 지낼 수 있을까? 너희들이 몹시도 부럽구나. 즐거움만 알고 근심은 모르니……"라고 하였는데, 그 말이 아직도 내 귓가에 퍽이나 슬프게 남아 있다오. 당신은 이제 아이들을 남겨두고 세상을 떠나 아주 가버렸으니, 과연 지하에서 시부모님을 만나 즐겁게 지내고 있소? 그렇지 않다면 어째서 아이들이 어미를 잃고 보채며 종일토록 울며 지난날 곁에서 놀던 즐거움을 더 이상 누릴 수 없게 한단 말이오? 이러니 내가 어찌 슬프지 않을 수 있겠소.

부인은 시집온 뒤에도 친정부모에 대한 효심이 줄지 않았소. 옛사람도 어렵게 여기던 것을 당신은 행했다오. 당신은 어려서 어머니를 여의었는데도 추모하는 마음은 갈수록 더 절절해졌소. 게다가 장인어른이신 동춘 선생(同春先生, 조선 후기 학자이자 문신인 송준길 宋浚吉)께서 점점 연로하시자, 장수하신다는 기쁨과 언제 돌아가실지 모른다는 두려운 마음을 늘 함께 품고 있었소. 나를 따라 서쪽으

신윤복(1758?~1813 이후), 〈아기 업은 여인〉, 종이에 담채, 23.3×24.8cm, 국립중앙박물관

로 온 이후로 여러 날 문안을 못 드려 어떻게 지내시는지 알지 못하면 안색에 근심이 드리웠고, 별미를 앞에 놓고도 아버지께서 맛보시지 못한 거라며 입에 대지도 않았소. 그토록 그리워하는 당신의 마음은 언제나 한결같아 사람들을 감동시켰다오. '말 한 마디 발자국 하나에서도 부모를 잊지 않는다'는 말은 아마도 당신을 두고 한 말인 듯싶소.

지난 여름 선생께서 편찮으시단 말을 듣고는, 당신은 평양까지 정신없이 달려갔다가 선생께서 쾌차하시고 난 가을에야 비로소 한양 집으로 돌아왔소. 그런데 선생의 병환이 겨울 들어 더 심해졌다는 소식을 듣고는 놀란 마음에 다시 가보려 했지만, 그때는 산달이 임박한데다 병까지 들어 갈 수가 없었소. 당신은 침식도 잊은 채 근심하고 번민하며 눈물로 지내다 원기가 사그라져서, 분만하고 나서는 그만 기가 다 쇠진해버렸소.

운명하기 전에 내게 편찮으신 아버지께는 당신의 죽음을 알리지 말라고 당부했는데, 당신이 죽고 5일 만에 선생께서도 돌아가시고 말았소. 당신은 선생보다 먼저 죽어 선생이 돌아가신 것을 알지 못했고, 선생은 당신보다 뒤에 돌아가셨는데도 당신의 죽음을 알지 못하셨으니, 실로 애절하고 견디기 힘든 집안의 변고가 아니겠소. 길 가는 사람도 이 말을 듣고 슬퍼하며 눈물을 흘렸다오. 당신이 이 사실을 안다면 저승에서도 상심하고 애통해 할 것이오.

당신이 병들었을 때, 의원이 분만 뒤 열이 나는 거라 하여 열을 다스렸더니 위험한 증세가 더 심해졌소. 나는 열이 아니라 기가 허한 게 문제라고 여겨 그제서야 보약을 썼는데, 정신이 다소 안정되어 회생할 가망이 있는 듯했소. 그런데 갑자기 더 심해지더니 결국 일어나지 못하고 말았구려. 좀더 일찍감치 보약을 썼더라면 행여 죽지는 않았을 텐데 내가 모자라 미처 생각을 못 했고 의원도 처방을 제대로 못 했으니, 이는 사람이 잘못한 거지 꼭 운명만 탓할 일은 아니라오. 그러니 내가 어찌 슬퍼하지 않을 수 있겠소. 아! 이것도 운명일 테니, 이미 끝난 일을 어찌하겠소.

그러나 내가 깊이 상심하는 이유는 따로 있다오. 당신은 아름다운 자질을 타고난 데다 어려서부터 훌륭한 가정교육을 받았소. 그 덕에 글을 배우지는 못했지만 남자도 따라가지 못할 식견을 지녔고, 아녀자들의 편협하고 자질구레한 습성은 아예 달가워하지 않았소. 내 성정이 본래 경솔하고 너그럽지 못해, 여기서 비롯된 문제가 많았는데 당신의 온화하고 부드러운 성정에 힘입어 점차 좋아졌다오. 내가 처음 관찰사로 나갔을 때, 당신은 언제나 남의 목숨을 소중히 여기고 형벌을 신중히 하라고 당부했고, 남이 주는 물건을 받을 때면 반드시 의리에 맞는지 살펴 조금도 구차하지 않게 했다오. 못난 내가 재상의 반열에 오르고 집안에서나 공직에서나 큰 과실을 면할 수 있었던 것은 모두 당신 덕분이었소. 이제 이런 훌륭한 배필을 잃어 평소 일러주던 말을 더 이상 들을 수 없게 되었구려. 여기까지 생각하다 보니 가슴이 찢어지고 눈물이 줄줄 흐르는구려. 하지만 한유(韓愈, 중국 당나라의 문호이며 사상가)가 "죽어서 영혼이 있다면 나도 곧 뒤따라갈 테니 우리가 떨어져 있을 날이 얼마나 되겠으며, 죽어서 아무것도 모른다면 나도 곧 죽을 테니 슬퍼할 날도 얼마 안 될 것이다"라고 한 것은 참으로 내 맘을 잘 표현한 말이오. 세상에서 20년을 함께 살아온 것이야 일장춘몽도 못 되지만 앞으로 저승에서 영원히 함께 살 기약이 있으니, 내 이것으로 위안을 삼고 또 이것으로 당신을 위로하오. 당신은 알고 있는지…….

당신이 간 뒤 지관의 말을 따라 죽산(竹山)의 칠현산(七賢山) 첫 번째 등성이에 묘터를 잡았는데, 마침 금년에는 꺼리는 일이 있어 내년 봄에 전 부인 이씨의 묘분을 열어 옮겨다가 당신과 같이 합봉하여 영구히 지낼 유택으로 삼으려 하오. 우선은 동향 언덕에 묻으려 하니, 편히 지내시구려. 어린것들을 보살피는 일은 이제 내 책임이구려. 어미 없이 아이들을 키우는 것은 너무도 어려운 일이니, 잘 자라준다고 어찌 보장할 수 있겠소. 어미가 자식을 사랑하는 마음은 이승에서나 저승에서나 차이가 없을 듯하니, 내 바람대로 당신이 도와주리라 믿소.

정신이 혼몽한 데다 글 솜씨도 본래 시원찮아 하고자 하는 말을 제대로 표현하지도 못했소. 술 한 잔 올려 영결을 하자니 천지가 아득하구려. 오호애재라!

민유중(閔維重, 1630~1687)

자는 지숙(持叔). 호는 둔촌(屯村). 본관은 여흥(驪興), 시호는 문정(文貞)이며 봉호는 여흥부원군(驪興府院君)이다. 숙종의 장인으로 인현왕후의 아버지며, 송시열과 송준길의 문인이다. 이 글의 원 제목은 제망실송부인문(祭亡室宋夫人文)으로, 문집 『문정공유고(文貞公遺稿)』에 실려 있다.

낭랑한 목소리는 아직도 귓가에 남아

오도일

아! 지극한 정은 글로 표현할 수도 없거니와 표현한다 해도 죽은 이가 듣지 못하니, 글로 명복을 빌어본들 무엇하겠소. 참으로 쓸데없는 짓이오. 하지만 당신의 아름답고 순수한 덕행을 평소 아끼는 마음이 적지 않은 터에 당신이 영원히 떠나는 날 위로의 말 한마디 없다면 내 어찌 견딜 수 있겠소. 이에 글을 지어 곡을 하오.

당신은 너그럽고 진솔하여 장부의 기풍이 있어, 세속 아녀자들의 약삭빠르고 수다스런 모습을 볼 때면 마치 그들에게 더럽혀질 것처럼 여겼다오. 또 매우 효성스럽고 우애로워, 부모님을 섬길 적에는 늘 환한 낯빛으로 받들며 거스르는 기색이 없었소. 부모님께서 몹시 사랑하셨는데도 자기 주장을 고집하지 않았고, 상을 당해서는 슬퍼하느라 비쩍 말라 옷 무게도 감당치 못할 지경에 이르렀소. 형제간에는 어떤 순간에도 절대 남이라는 생각을 하지 않았고, 무엇이든 반드시 함께 쓰고 자기 것을 따로 챙긴 적이 없었다오. 어려서 어미 잃은 조카를 친자식보다 더 사랑하여 어루만져주고 따뜻하게 대해주는 등 시종일관 조금도 해이해지는 일 없이 수고를 아

新婦宴席

김준근(생몰연도 미상), 『기산풍속화첩』 중 〈신부연석〉, 19세기 말, 종이에 채색, 31×38.7cm, 개인 소장
제일 오른쪽에 앉은 여인이 초례를 치르고 신행을 온 신부다.
신부는 폐백과 현구고례를 마친 후 시댁 어른들로부터 큰상을 받았다.

끼지 않았소.

우리 집에 시집와서는 집안을 화목하게 했고, 친정부모 섬기듯 우리 어머니를 섬겼으며, 친언니 대하듯 내 자매를 대했소. 공경하며 정성을 다 쏟았고 화락하여 예에 어긋남이 없었으니 '여자이면서도 선비의 행실을 하는 자'라는 옛 말은 당신을 두고 하는 말인 듯했소. 그런데 그만한 덕행이 있으면서도 제대로 보답받지 못해 복을 받아야 하는데 도리어 액을 당하고, 장수해야 하는데 도리어 요절하고 만 것은 도대체 어째서인지……. 이치란 참으로 따질 수 없고 하늘은 참으로 믿을 수 없나 보오. 오호통재라!

당신의 기구함을 어떻게 말로 다 할 수 있겠소. 신혼 초에 내가 병에 걸려 여러 해를 침울하게 지냈고 아이들도 모두 번번이 잃고 말았소. 게다가 계속 상을 당해 10여 년간 상복을 입으면서 우울하고 참담하게 지내느라 잠시도 미간을 편 적이 없었소. 그러는 사이 결국 당신은 깊은 병이 들어 한번 눕더니만 다시 일어나지 못했으니, 나이 겨우 서른하나였소. 죽던 날은 태어난 아기가 돌도 안 된 때여서, 눈물 흘리지 않는 이가 없었다오. 당신에 대한 내 정리(情理)를 돌아볼 때 어찌 가슴을 치면서 길이 흐느끼며 조물주를 탓하고 귀신을 원망하지 않을 수 있겠소. 오호통재라!

당신은 무신년(1668)에 장모님을 곡하며 병을 앓기 시작했고, 신해년(1671)에 장인어른의 상을 당하면서 피곤이 극에 달했소. 그 뒤로 심하게 앓으며 피를 토하고 연이어 위험한 돌림병에 걸려 여러 번 죽을 고비를 넘겼소. 오래도록 몸이 상한 와중에 곧바로 임

신을 하여, 얼굴빛은 파리하며 날로 비쩍비쩍 말라갔으니 나뿐만
아니라 보는 사람들마다 당신을 위태롭게 여기며 걱정했다오.

지난 초가을에 다행히 해산을 했는데, 아들과 딸이 모두 잘생기
고 병도 좀 나았소. 내가 다행스럽게 생각한 것은 말할 것도 없고,
지난번 당신을 위태롭게 여기던 사람들까지도 모두 기뻐하며 축하
해주었소. 앞으로는 병고 없이 검은 머리 파뿌리될 때까지 잘 살아
가리라 기대했는데, 몇 달 안 가 화가 또 들이닥쳐 아이 하나를 잃
더니 당신도 어느 순간 일어나지 못하고 말았소. 나는 이러지도 저
러지도 못하며 끝없는 슬픔에 싸이고 말았다오. 오호통재라!

처음 젖몸살을 했을 때, 사람들은 이 병이 부인네한테 흔히 있
는 병이니 걱정할 것 없다 했소. 하지만 나는 당신이 본래 허약한
게 마음에 걸려 병이 낫지 않을까봐 염려했다오. 그래서 당신에게
번번이 생각을 줄이고 밥을 더 먹어 원기를 북돋우고 병을 치료할
방도에만 마음을 쓰라고 다그친 거요. 그런데 당신은 어렵게 사느
라 자신을 돌볼 겨를이 없어 제대로 입지도, 먹지도 못하며 남들은
견딜 수 없는 지경으로 살아왔소. 그 동안 자기도 모르는 새에 몸이
축나, 손쓸 방도를 찾기도 전에 풀잎의 이슬이 마르고 바람 앞의 등
불이 꺼지듯 덧없이 숨이 끊어져버렸다오. 인간의 수명이야 하늘에
달려 있다지만, 당신의 죽음은 조리를 제대로 못한 탓이라고 단언
할 수 있소. 이 점이 내가 가슴 저미도록 통탄스러워하며 시간이 지
날수록 더더욱 마음을 가누지 못하는 이유라오.

당신이 떠난 뒤로 잠깐 사이에 어느덧 석 달이 지났소. 내 몸의

불편함과 고초야 논할 것도 없고, 수아가 막 홍역을 앓았는데 제대로 돌봐주는 사람이 없어, 잘 놀던 아이가 갈수록 기운이 빠지고 응애응애 우는 소리만 아침부터 저녁까지 끊이질 않는다오. 달관한 사람이라도 이런 일을 당하면 마음을 다스리기 어려울 텐데 더구나 나처럼 그릇이 작은 사람이야 더 말해 무엇하겠소.

당신은 병이 심해지자 아이를 어루만지고는 나를 돌아보며 "사람은 누구나 한 번은 죽는 법이니, 제가 죽더라도 슬퍼할 것 없습니다. 게다가 죽어서도 영혼이 있다면 지하에서 부모님을 뵙게 될 테니 다시 무슨 여한이 있겠습니까. 단지 당신이 의지할 데가 없고 애처롭게도 아이를 건사하기 어려울 일이 염려될 뿐입니다." 하고는 눈물을 주르르 흘렸는데, 그 낭랑한 목소리가 아직도 귓가에 남아 있소. 저승에선들 어찌 이 걱정을 덜고 편안히 잠들 수 있겠소. 이런 생각을 하자니, 나도 모르게 눈물이 흐르고 속이 타는구려.

어느덧 세월은 흘러 장례 치를 날이 다가왔소. 이제 당신을 한강 남쪽 기슭 남향 언덕에 묻으려 하오. 이 언덕은 우리 선영 옆이고, 또 당신의 아들딸도 모두 여기에 안장되어 있소. 혼백이 살아 있다면 의지할 곳이 있어 기뻐하리라 생각하오. 아! 이승과 저승으로 한번 갈리니 만사가 끝이구려. 백 년을 함께하자던 기약도 이제 모두 끝이라오. 장자(莊子)처럼 아내의 죽음에 억지로 물동이라도 두드리며 노래해보고 싶지만, 반악(潘岳)™처럼 아내 잃은 애통함을 억누를 수 없구려. 술 한 잔 따라 권하자니 마음이 찢어지는구려. 그대는 아는지 모르는지……. 오호애재라!

오도일(吳道一, 1645~1703)

자는 관지(貫之). 호는 서파(西坡). 본관은 해주(海州)다. 대제학, 한성부
판윤, 병조판서를 지냈으며 문장에 뛰어났다. 이 글의 원 제목은 제망실조
씨문(祭亡室趙氏文)으로, 문집『서파집(西坡集)』에 실려 있다.

■ 진(晉)나라 시인으로 특히 뇌문(誄文)을 잘 지었는데, 아내가 죽은 뒤 지은「망자를 애
도하는 시[悼亡詩]」는 부인에 대한 그리움과 사별의 고통을 절절하게 읊은 것으로 유명
하다.

깊이 알고 이해하는 좋은 벗을 잃어

이해조

신미년(1691, 숙종 17) 7월 9일(임진)은 아내 윤씨가 죽은 지 1년이 되는 날입니다. 남편 이해조는 하인에게 제수를 마련하도록 명하여 영전에 전을 올리고, 글을 지어 곡합니다.

아! 당신이 세상을 버린 것이 아직도 믿어지지 않소. 눈에는 당신 모습이 보이는 듯하고 귀에는 당신 음성이 들리는 듯한데, 당신이 가버린 지 어느덧 1주기가 되었구려. 상청을 거두고 조석으로 곡하던 것도 그만두어야 하니, 믿어지지 않아 의심하던 것도 이제 더 이상 의심할 수 없고, 보이는 듯 들리는 듯하던 당신의 모습과 음성도 더 이상 그림자도 메아리도 찾을 수 없게 되었소. 당신을 그리워할 만한 그 무엇도 남아 있지 않으니, 이제 꿈에서나마 당신을 볼 날을 기다려야 하는 거요?

1주기가 가까워지면서 질병과 근심이 반복하여 생기고 있는데, 나는 장탄식하며 호소할 데가 없고 어린것들은 믿고 기댈 어미가 없어 슬프게 울어대는 걸 알고서, 당신의 혼이 허공을 맴돌며 탄식하고 눈물 흘리느라 차마 떠나지 못하고 있소? 아니면 까마득히 아무

것도 모르고 있소? 아무것도 모른다면 나는 당신이 슬픔을 모르는 게 부럽고, 당신도 나 때문에 더는 슬퍼하지 않을 거요. 하지만 혹시라도 안다면, 내가 당신의 죽음을 슬퍼하는 것과 마찬가지로 당신도 나와 어린것들 때문에 슬퍼하느라 눈을 감지 못할 거요.

아! 지난번 꿈에서 당신을 보았는데, 처량한 모습으로 생전에 못다 한 말이 있다고 하며 말을 하려고 하다 입을 떼기도 전에 홀연히 사라져버렸소. 깨어보니 사람은 보이지 않고 눈물만 이불을 적셔놓았소. 얼마 있다 여주에서 여동생을 만나 탄식하며 옛 일을 이야기하다가 당신이 못다 한 말에 대해 대강 듣게 되었소. 나도 지난밤 꿈 이야기를 해주며 마주앉아 한바탕 통곡을 했소. 아! 당신은 어째서 내게는 이야기하지 않고 동생에게만 이야기한 거요? 왜 생전에 터놓지 못하고 사후에까지 애태우며 꿈속에서조차 말을 못하다가 동생을 통해 듣게 하여, 나를 더욱 가슴아프고 후회스럽게 만드는 거요?

하지만 이것으로 당신이 까마득하게 아무것도 모르지는 않는다는 게 밝혀졌으니, 그나마 그것에 의지하여 그리워할 수는 있게 되는 거요? 그러나 지각이 있어 꿈에 나타나는 것이 과연 아무것도 몰라 꿈에 나타나지 않는 것보다 낫기는 한 거요? 알지 못해 꿈에 보이지 않는다면 내 한도 사라질 때가 있겠지만, 지각이 있어 꿈에 보인다면 내 한도 결국 사라지지 않을 것이오. 꿈에 보이지 않으면 나타나기를 기다리면서도, 막상 꿈을 꾸면 안 꾸느니만 못하니, 나는 앞으로 어떻게 슬픔을 달래야겠소?

아! 부부간에 서로를 알아주는 친구가 되어 서로 경계하며 면려하는 내용의 옛글을 볼 때면, 아름답게 여기면서 언제나 외곤 했다오. 비록 당신은 글을 읽을 줄 몰랐지만 듣고는 좋아하며 동경했다오. 그래서 함께 시골로 내려가 농사짓고 뽕나무 가꾸며 아이들을 키우면서 맹광이나 환소군(桓少君)"처럼 훌륭한 아내가 되겠다고 약조했소.

　평소 내가 술을 좋아해 가끔 손님을 맞을 때면 당신은 먼저 주안상부터 차려 내오고는 술이 떨어지지 않게 했소. 내가 서화를 좋아해 가끔씩 사고 싶어 하면, 당신은 치맛감을 잘라 팔고 다리[髢, 숱이 많아 보이게 덧넣는 머리]를 팔망정 돈이 떨어졌다는 소리를 하지 않았소. 내가 매화와 대나무 감상하기를 좋아하자, 당신은 내가 집에 없을 때도 손수 심고 가꾸었소. 내가 산수를 유람하고 싶어 하면 당신은 경치를 구경할 채비를 해주며 먼 길 떠나는 것을 말리지 않았다오. 내가 오래 전부터 세상사에 관심을 끊은 걸 알고는 생계를 위해 벼슬하라고 다그치지 않았소. 새 집을 마련하느라 살림이 말이 아닌데도 쌀궤가 비었다는 말로 나를 심란하게 하지 않았고, 무능하다고 나무라지도 않았소. 이는 모두 여자들이 매우 싫어하고 잔소리할 일인데도, 당신은 무슨 좋은 데나 가는 사람처럼 꺼리는 기색이 없었다오. 이렇게 온순하게 거스르지 않을 뿐 아니라 내 기

■ 중국 한(漢)나라 때 발해 사람 포선(鮑宣)의 처로, 맹광과 더불어 근검절약하며 가난을 감내한 어진 아내의 전형으로 꼽는다.

분을 맞춰주려고 애를 써서 참으로 나와 뜻이 잘 맞았는데, 이젠 백년가약이 물거품이 되었구려. 사람이 누군들 배우자가 없겠소마는 포숙(鮑叔)이 관중(管仲)에게 했던 것*처럼 깊이 알고 이해하는 관계를 찾아보면, 어디에 당신과 나만한 사이가 있겠소.

당신은 내게 시집온 이래 16년 동안 가난 속에서 온갖 고생을 했소. 병 수발을 든 것이 다섯 차례고 초상을 치른 것이 네 차례며, 미간을 펴고 소리 내어 웃어본 것은 열에 한둘도 안 되었다오. 고생스럽게 집안을 꾸려간 것은 겨울철을 대비해 맛난 채소를 저장해두는 것처럼 훗날을 위해서였는데 남 좋은 일만 한 꼴이 되었으니, 당신의 평생은 어쩌면 그리도 안타깝기만 하오.

나는 당신 덕에 집안 일 걱정 없이 날마다 시나 짓고 술이나 마시며 즐겁게 지내다가, 이제 느닷없이 당신이 16년간 실컷 맛보고 겪어온 것들을 고스란히 떠맡게 되었다오. 자질구레한 노고에서부터 하소연하기 어려운 억울함까지 이제는 당신만 겪는 일이 아니게 되었소. 게다가 산 자를 애달파하고 죽은 자를 애도하는 마음까지

■ 포숙과 관중은 춘추시대 제(齊)나라 사람으로, 후에 '관포지교(管鮑之交)'란 말이 생길 정도로 서로를 잘 이해하는 사이였다. 관중은 훗날 포숙에 대한 감사의 마음을 다음과 같이 술회했다. "나는 젊어서 포숙과 장사를 할 때 늘 내가 더 많이 이익을 챙겼는데, 그는 내가 가난하다는 것을 알고 있었기에 나를 욕심쟁이라고 하지 않았다. 또 사업이 실패하여 그를 궁지에 빠뜨린 일이 있었지만, 그는 일에는 성패가 있다는 걸 알고 있었기에 나를 못났다고 여기지 않았다. 또 벼슬길에 나아갔다가 물러나곤 했지만, 내게 운이 따르고 있지 않다는 걸 알았기에 무능하다고 하지 않았다. 어디 그뿐인가. 나는 싸움터에서 도망친 적이 한두 번이 아니었지만, 내게 노모가 계시다는 걸 알고 있었기에 나를 겁쟁이라고 하지 않았다. 나를 낳아준 사람은 부모지만 나를 알아준 사람은 포숙이다."

전 이경윤(1545~1611), 〈고사관월도(高士觀月圖)〉,
종이에 수묵, 11.4×28.3cm, 서울대학교박물관

덧붙여졌으니, 이것이 내가 당신이 아무것도 모르게 된 걸 부러워하는 한편, 당신이 혹시라도 알고 있을까봐 슬퍼하는 이유라오.

아! 여생이 얼마 안 남았으니 앞으로 죽기 전까지 다시 마음을 터놓을 날도 없을 거요. 술독에나 빠져 세상 밖으로 떠돌고 불도(佛道)나 배워 허망한 논리로 슬픔을 메우는 것으로나 마음을 달랠 수 있을는지……. 아! 나는 지금 이러하다오.

당신이 예전에 내게 음식을 차려주었듯, 이번엔 내가 음식을 마련해 당신을 대접하오. 당신이 나를 공양하던 마음으로 내가 오늘 당신을 대접하는 심정을 헤아려 이 술잔을 뿌리치지 말구려. 오호애재라! 상향.

🌸 이해조(李海朝, 1660~1711)

자는 자동(子東). 호는 명암(鳴巖)이며, 본관은 연안(延安)이다. 할아버지 이래 3대가 대제학을 지냈으며, 시문에 뛰어나 김창흡(金昌翕)으로부터 천재라는 격찬을 받았다. 이 글의 원 제목은 제망실소상문(祭亡室小祥文)으로, 문집 『명암집(鳴巖集)』에 실려 있다.

바람 불고 눈 내려 보이는 것마다 스산하니

무자년(1707, 숙종 34) 11월 12일(갑신)은 죽은 아내 의인(宜人, 정6품·종6품 문무관의 아내에게 내리는 봉작) 청주 한씨의 두 번째 기일입니다. 남편 채팽윤은 삼가 축문을 짓고 맹서합니다.

　아! 한양에 살 때는 마산에 살 줄 몰랐고, 마산에 살 때는 둔촌에 살 줄 몰랐고, 둔촌에 살 때는 홍주에 살 줄 몰랐소. 지금껏 수십 년 동안 동서남북 어디에 살지, 생사영욕(生死榮辱)이 어떠할지 알 수 없었으니, 또 앞으로 몇 년 뒤에 어디서 어떻게 살지 어찌 알겠소. 이것은 모두 하늘의 뜻으로 내가 상관할 수 있는 일이 아니요. 그러니 당신이 죽었다고 하여 슬플 게 뭐며, 내가 살아 있다고 하여 즐거울 게 뭐겠소. 최선의 망각이란 노력으로 되는 게 아닌데도 나는 달관하기를 바라지 않은 적이 없었소. 머리는 날로 세고 오른쪽 아래 어금니는 흔들리다 빠져버리고, 목구멍에서는 종종 피가 난다오. 어디로 가야 할지 몰라 막막하기만 하고, 기대어 쉴 만한 사람도 없어 쓸쓸하니, 이대로 기운을 차리지 못할 것만 같소. 바람 불고 서리 내리면 초목이 떨어지는 것은 자연의 이치고, 희로애락은 감정의 흐름이니, 어떻게 살아 있는 사람으로서 감정이 없을 수 있겠소. 죽은 자는 아무것도 몰라서 당신이 내 슬픔을 까맣게 모른다면, 나도 당신의 죽음을 슬퍼하지 않아도 될 거요. 그러나 마음을 휘감는 슬픔이 풀에는 뿌리가 있고 샘에는 근원이 있는 것처럼 저절로 생겨나 뻗어 나가니, 어느 겨를에 당신이 내 마음을 알아줄지 미리 생각해서 마음을 다스리겠소.

오호통재라! 내가 진실로 순봉천(荀奉倩)[*]이 될 수도 없고, 또 감히 증자(曾子)처럼 되기를 바라는 것[**]도 아니지만, 겉보기에는 당신을 잊은 사람 같소. 그러나 속으로 너무도 슬퍼 어쩔 줄 몰라 그런 것인 줄 누가 알겠소.

『시경(詩經)』「산유추(山有樞)」편에 이르기를,

> 의상(衣裳)이 있어도 입지 않고
> 거마(車馬)가 있어도 몰지 않다가
> 죽고 나면 다른 사람이 즐기게 되리.

라고 하였고, 2장에 이르기를

---

[*] 중국 삼국시대 위(魏)나라 사람인 순찬(荀粲)으로, 봉천(奉倩)은 그의 자(字)다. 아내와 정이 깊어, 아내가 죽자 비통해 하다 얼마 후 스물아홉 살에 생을 마쳤다.

[**] 아내가 아침저녁으로 부모님 상에 덜 익은 아욱국을 올리자, 증자가 효도하는 마음에서 아내를 쫓아내고 평생을 독신으로 살았다는 고사를 두고 한 말인 듯하나 미상이다.

뜰이 있어도 물 뿌려 쓸지 않고
종과 북이 있어도 두들기고 치지 않다가
죽고 나면 다른 사람이 차지하리.

라고 하였고, 3장에 이르기를

술과 밥이 있는데
어찌 날마다 비파를 타면서
기뻐하고 즐거워하지 않으며
하루 해를 길게 보내지 않는가.
죽고 나면 다른 사람이 집에 들어오리.

라고 하였소.

　정말이지 이 시는 오늘을 두고 읊은 것이구려. 가만히 지난 일을
돌아보고, 마음속에서 이는 생각들을 바라보아도 무엇 하나 내가 당
신을 슬퍼하지 않는 게 없소. 살아서는 나만이 내 마음을 알지만, 죽
어 지하에서 만난다면 당신도 내 마음을 알 수 있을 것이요.
　오호통재라! 지난날 수촌에 당신을 장사지낸 것은 한양에 집이
있어 아침에 떠나면 저녁 때 돌아올 수 있고, 세시(歲時) 때면 직접
술을 뿌리며 나의 슬픔을 달랠 수 있어서였소. 그런데 지금은 부모
님이 연로하시어 멀리 떠나 있을 수 없어, 아들 응동이를 안고 궁벽

한 시골집에서 지내다 보니, 한양의 옛집에는 발걸음을 못해 수촌의 무덤에 향불도 꺼져버렸구려. 슬프고 슬프오. 인간사가 이럴 줄이야. 사립문 밖은 적막한데 세모에 바람 불고 눈 내려 보이는 것마다 스산하니, 눈물이 절로 뚝뚝 떨어지는구려.

당신이 세상을 뜬 것이 어제인 듯한데, 시간은 쉬지 않고 흘러 궤연(几筵, 신주를 모셔두는 곳)을 거둘 때가 되었소. 죽은 자는 멀리 떠나도 산 자에겐 슬픔이 남는구려. 막걸리와 몇 가지 찬으로 조촐한 제수를 마련하긴 했지만 어찌 나의 마음을 다 전할 수 있겠소. 영혼이 있거든 이 마음을 헤아리구려. 오호통재라! 상향.

🌸 채팽윤(蔡彭胤, 1669~1731)

자는 중기(仲耆). 호는 희암(希菴), 은와(恩窩). 본관은 평강(平康)이며, 오광운(吳光運), 이덕수(李德壽) 등과 교유했다. 병조참판, 부제학 등을 역임했고, 특히 시문과 글씨에 뛰어났다. 이 글의 원 제목은 망실대상제문(亡室大祥祭文)으로, 문집 『희암집(希菴集)』에 실려 있다.

지난날의 약속은 모두 어디로 가고

이삼

계미년(1703, 숙종 29) 9월 7일(경진) 함평 이씨 삼은 삼가 변변찮은 음식을 마련하여 죽은 아내 진주 유씨의 영전에 감히 고합니다.

오호통재라! 정축년(1696) 정월 명문가에 장가들어 당신과 부부의 인연을 맺은 지 7년이 되었소. 오호애재라! 무인년(1698) 가을, 숙부가 계신 영남 임소(任所)에 갔다가 다음해 3월에 돌아와 보니, 전 해 섣달 7일에 아이가 태어나 이미 백일이 되어 있었소. 얼마나 기뻤던지……. 신사년(1701)에 또 아들을 낳고, 지난 겨울에 딸을 낳자, 사람들이 복도 많다고들 하였소. 올 2월 그믐에 춘당대에서 직부전시(直赴殿試)▪하게 되고 어전에서 받은 향기로운 술에 취해 저녁 무렵 집에 돌아오자, 부모님과 슬하의 두 아이가 손을 잡고 기뻐했고, 당신도 그 기쁨을 이루 다 말로 표현하지 못했소.

▪ 이삼은 숙종 29년(1703) 봄, 왕이 친림(親臨)하신 시사(試射)에서 과녁을 모두 맞추어 표범 가죽을 하사받고, 비선전(飛宣傳)으로 칭송되었으며, 직부전시할 수 있게 되었다. 여기서 직부전시는 조선 시대에 왕의 명령이 있을 때 시행하던 무과 시험인 관무재(觀武才)에 우수한 성적으로 합격한 자가 한량일 경우, 전시(殿試)에 바로 응시할 자격을 주는 특전을 말한다.

그러자 사람들이 누차 복도 많다고 하였지. 이제 과거에 급제하여 가난 걱정 없이 부모님을 영예롭게 해드리자고 기약했으니, 어찌 오늘 백년해로하자던 금석같이 굳은 약속을 저버릴 줄 생각이나 했 겠소. 당신은 본래 정신력이 강한 데다 나보다 세 살이나 젊소. 그 런데 갑자기 먼저 세상을 떠났으니, 무슨 지독한 병에 걸려 이렇게 된 것인지 모르겠소. 생각하니 나도 모르게 가슴 속에 눈물이 차오 르는구려.

오호통재라! 당신이 나를 저버리긴 했지만 그렇다고 내가 어찌 한 마디 말도 하지 않을 수 있겠소. 가슴 가득한 슬픔을 영전에 아 뢰니, 너그러이 헤아리구려.

당신이 떠난 뒤로 아버지께서는 밤낮으로 애통해 하셨소. 열흘 이 채 안 되어 머리가 다 세고 안색이 초췌해지시더니, 6월 6일에는 괴질까지 걸리셨소. 결국 점점 위독해져 같은 달 11일 술시에 염초 교(焰炒橋) 피막에서 상여가 나오게 되었소. 사람들이 모두 주저하 며 한 사람도 들어와 보는 이가 없어 노비 하나를 데리고 나 혼자 장사지냈으니, 세상에 나 같은 자가 어디 있겠소. 자식이 어버이의 죽음에 곡하는 것은 당연한 천리고, 어버이가 자식의 죽음에 곡하 는 것은 역리요. 그런데 당신이 지금 먼저 죽어 어버이를 상심케 하 여 결국 이 지경에 이르렀으니, 이 어찌 자식된 도리라 하겠소. 땅 에 머리를 찧고 하늘을 향해 울부짖어도 다시 살아나실 가망이 없 구려. 어떤 사람은 저승과 이승은 반드시 통한다고 하지만, 내 경우 는 그렇지가 않았소. 하늘이 평소 나의 조그마한 효심이라도 알아주었다면 어찌 조금이라도 도와주지 않았겠소. 이것으로 볼 때, 하늘은 무심한 것이 틀림없소.

오호애재라! 당신은 5월 16일에 병을 얻어 증세가 몹시 위중해졌소. 의원에게 물어 약을 달여 먹여도 차도가 전혀 없다가, 같은 달 22일 술시에 갑자기 친정에서 세상을 떴으니, 하늘은 어찌하여 이렇게까지 화를 내린단 말이오. 어찌하여 당신과 아버지가 같은 병으로 세상을 뜬단 말이오. 세상에 어버이상을 당하고 부인상을 당한 경우가 있기는 해도 나 같은 경우는 얼마나 되겠소. 차마 눈 뜨고 볼 수 없는 세 가지가 있소. 하나는 여섯 살짜리와 세 살짜리가 아침저녁으로 밥상머리에서 제 어미를 찾는 것이고, 또 하나는 열 달된 어린것이 목이 마르면 어미를 그리며 애처롭게 울어대는 것이고, 마지막 하나는 이웃집 아이가 어미를 부르는 것을 보고는 두 아이가 길을 헤매고 다니며 천 번 만 번 어미를 불러 봐도 아무 대답이 없자 내 소매를 붙잡고 어미 있는 곳을 물어, 이런 모습에 가슴이 찢어지듯 아파오는 것이오.

오호애재라! 나무에 비유하자면 가지나 잎이 없는 것과 같고, 사람에 비유하자면 팔다리가 없는 것과 같소. 차라리 나도 죽어 아무것도 모르면 좋으련만 그럴 수도 없구려. 곡을 하려 해도 목이 메어 곡을 할 수 없고, 어디에 말을 하고 싶어도 청산은 아무 말이 없으니, 이 어찌 통곡할 일이 아니겠소. 곡을 하려 해도 되지 않는 것은 슬픔이 지극해서 그런 것인지, 지극하지 않아서 그런 것인지 모르겠소. 옛말에 너무 애통하면 도리어 슬프지 않다고 한 것이 이런

경우를 두고 한 말인 듯하오. 오호통재라! 하늘이 사람을 내신 데는
분명 무슨 뜻이 있을 텐데, 무슨 맘으로 이리도 급히 데려간 것인
지…….

임종 때 한 한 마디 말이 귀에서 떠나질 않는구려. 장례 치를 때
가 다가오니 비통함을 견딜 수 없구려. 당신이 지금 떠나고 없으니,
나는 누구를 의지해야 한단 말이오? 전날의 약속은 모두 어디로 간
거요? 저승에서라도 영혼이 있다면 어미 없는 세 아이를 묵묵히 도
와주어 앞으로는 어려움 없이 잘 자랄 수 있게 해주구려. 그렇게 된
다면 산 자에게나 죽은 자에게나 여한이 없을 거요. 마음을 달랠 길
이 없어 글로 써서 전하니, 구천에서라도 마음을 펴기 바라오. 한
잔 술로 영결하자니 눈물이 줄줄 흐르는구려. 영혼이 있다면 와주
오. 오호애재라! 오호애재라! 상향.

🦋 이삼(李森, 1677~1735)

자(字)는 원백(遠伯), 무숙(茂叔). 호는 백일헌(白日軒). 봉호는 함은군
(咸恩君). 본관은 함평(咸平). 영조 때의 무신으로 공조판서, 형조판서 등
을 지냈다. 무술에 뛰어났고, 기계 제조와 도창기예(刀槍技藝)에 정통했다.
이 글의 원 제목은 제망실진주유씨문(祭亡室晉州柳氏文)으로, 문집 『백일
헌유집(白日軒遺集)』에 실려 있다.

오원

무술년(1718, 숙종 44) 2월 27일(병오) 죽은 아내 안동 권씨의 영구를 발인하여 부모님 산소가 있는 광주(廣州) 월곡(月谷) 남쪽 언덕에 안장하려 합니다. 남편 해주 오씨 원은 발인하기 전에 영결하는 말을 하고 싶지만 아버지 상중에 거듭 상을 당하여 몹시 슬퍼 긴 말을 할 수 없습니다. 그러나 끝내 아무 말도 하지 못하고 보낼 수는 없기에 몹시도 슬픈 마음을 추슬러 발인하기 하루 전 을사일에 조전(祖奠)을 올려 고합니다.

오호애재라! 죽지 않는 사람이 어디 있으며, 슬프지 않은 죽음이 어디 있겠소마는 당신의 죽음처럼 슬픈 경우가 또 어디 있겠소. 그러나 내가 슬퍼하는 것은 당신의 죽음이 아니라 내가 살아 있는 것이라오. 아! 당신이 이 세상에 산 것이 이제 겨우 열아홉 해이니, 어쩌면 그리도 짧단 말이오. 당신 죽고 난 뒤 세 살짜리 어린아이 하나가 남았는데, 그 애도 남자아이가 아니니, 또 어쩌면 그리 복도 없단 말이오.

당신은 친정부모를 떠나온 지 몇 해가 지났고, 며칠을 가야 만날 수 있는 먼 곳에 떨어져 살다 보니, 아파도 의지하지 못하고 죽는 마당에도 마주보며 영결하지 못했소. 끝내 한을 품고 관에 눕게 되었으니, 아! 몹시도 처참하구려.

오호애재라! 부부의 의리는 소중한 것이오. 처음 두 사람이 하나로 합해지던 때에 진실로 백년해로하자며 길이길이 행복을 약속했소. 그런데 당신이 내 아내가 되어 4년도 채 안 되어 죽었으니, 지금 당신의 죽음은 세상에서 가장 슬프고 불쌍한 경우라 하겠소. 그 사정이 기가 막혀 길 가는 사람이라도 슬퍼할 만한데, 더구나 내 심정은 어떻겠소.

오호애재라! 이 일은 그만두고라도, 이보다 더 슬픈 일이 또 있다오. 아! 내가 불운하여 일찍부터 흉사를 만나 태어난 지 이레 만에 어미를 여의고 할머니 품에서 자랐소. 다섯 살에는 할머니마저 돌아가시고 아홉 살에는 또 계모상을 당했으니, 인생이 지독히도 쓸쓸하다 하겠소. 아버지께서 혼자 애쓰시며 길러주시어 자상한 어머니이자 엄한 스승 역할을 하셨소. 하늘처럼 끝없는 부모님의 은덕에 대해 어찌 경중을 말할 수 있겠소. 하지만 아버지께서 고생하시며 지극 정성으로 돌봐주신 것은 실로 다른 부모들보다 백 배나 더한 점이 있소. 나는 그 덕분에 목숨을 보전해 자랄 수 있었고, 아버지의 명을 받들어 당신을 맞아 장가들었소. 아버지께서는 화*를

---

* 오원은 숙종의 누이동생인 명안공주(明安公主)와 해창위(海昌尉) 오태주(吳泰周) 부부에게 양자로 들어갔다. 이 글에서 아버지라 한 것은 해창위를 말한다. 여기서 화는 숙종 15년(1689)에 인현왕후가 폐위되자, 해창위가 이를 반대하다 파직된 일을 가리키는 듯하다.

겪으신 뒤 세상에 대한 미련을 버리셨고, 또 병까지 걸리셨소. 그런데도 어리석고 모자란 나는 정성을 다해 아버지의 뜻에 맞춰드리지 못했소. 아버지께선 자애로운 정으로 몹시도 사랑해주셨건만, 내 불효는 이루 다 헤아릴 수가 없구려.

당신이 처음 우리 집에 시집왔을 때 부모님께서 매우 기뻐하셨고, 특히 아버지께서 더 기뻐하셨소. 당신은 시부모님을 사랑과 공경으로 극진히 섬겼고, 부모님도 당신을 기특하게 여기고 사랑하셨소. 아버지께서는 자주 "이 아이가 우리를 잘 섬기니, 정말이지 착한 며느리다"라고 하셨소. 평소 식사 중에도 남에게 빼놓지 않고 자랑하시고 친척들에게도 어질다고 칭찬해 마지않으셨으니, 당신을 나보다 더 사랑하셨다오. 식사하실 때면 반드시 옆에서 먹게 하셨고, 앉을 때면 반드시 옆에 앉히시며, 당신 덕분에 노년에 병중에도 매우 기쁘게 지내셨다오. 당신도 아버지의 뜻을 받들어 손님이 오거나 특별한 일이 있을 때가 아니면 잠시도 그 곁을 떠나지 않았소. 내가 못한 것을 당신이 다 한 거요. 나는 아버지 곁에서 당신이 항상 음성을 가다듬고 기운을 평온하게 하여 미리 아버지 뜻을 헤아리고 온화한 태도와 부드러운 얼굴빛으로 모시는 것을 보았소. 또 그때마다 아버지의 안색을 살피면 기뻐하시고 매우 흡족해 하시며 무엇을 얻기라도 한 듯 뿌듯한 표정이셔서, 나도 내심 기분이 좋아져 몹시 즐거웠다오. 간혹 당신이 친정에 가서 아버지 곁에 없는 것을 보면, 나도 무엇을 잃기라도 한 듯 허전하고 슬퍼졌소.

산방에서 글공부하느라 잠시 집을 떠나 있을 때에도 집 생각을

김홍도, 『단원풍속화첩』 중 〈신행〉, 종이에 담채, 27×22.7cm, 국립중앙박물관

할 때면 든든하게 믿는 구석이 있었던 것은 당신이 있기 때문이었소. 내가 외아들이긴 하지만 당신이 시집오고부터는 형제가 있는 것이나 다름없어 화기애애하게 세월 가는 줄도 모르고 지낸 지가 두 해나 되었소.

아! 내가 못나 나 자신은 아들 노릇을 다하지 못했지만, 당신은 우리 부모에게 이처럼 효도를 다하였소. 이것이 며느리의 당연한 도리라곤 하나, 나는 내가 몸소 그렇게 한 것이나 다름없이 기뻤고, 진심으로 당신에게 감사하고 있다오. 더구나 아버지께서 당신을 그토록 극진히 아끼고 돌보셨으니, 내가 얼마나 당신을 소중히 여겼겠소.

물러나 방으로 와서 나는 늘 "우리가 세 분해장위와 생부, 생모을 오래오래 모시며 해로할 수만 있다면 살아 있는 사람으로서 이보다 더한 즐거움은 없을 거요"라고 말하곤 했소. 그러면 당신도 보살펴 주시는 은혜를 입고 어버이의 마음을 편안케 해드릴 수 있었던 복을 항상 내게 돌리며, 늘 시어머니와 계모를 섬기지 못한 것을 한스럽게 여겼소.

지난 병신년(1716) 여름에 어머니 제사를 지낼 때 아버지께서 편찮으셔서 제사에 참여하지 못하시고 내게 대신 지내게 하셨는데, 실제로는 당신이 다 도운 거였소. 예를 마치자 아버지께서 생친을 돌아보며 말씀하시기를 "내게 아들도 있고 며느리도 있어 내 제사를 받들 수 있으니, 나는 걱정이 없다"라고 하셨소.

임종하실 적에 당신에게 당부하고 기대하신 것은 특히나 간곡하였소. 내가 효성스럽지 못하고 못나서 정성이 하늘을 감동시키지 못해 끝내 아버지의 해묵은 병을 고치지 못했다오. 그로 인해 당신에겐 깊이 근심하는 기색이 잠시도 떠나지 않았소. 나의 행실이 신명을 저버려 천지에 죄가 통해 결국에는 흉화가 위로 선친에게까지 이르러 고생하며 길러주신 끝없는 은혜에 털끝만큼도 보답할 수 없었으니, 불효막심하고 못난 이 죄를 이젠 더욱 갚기가 어렵게 되었구려.

모질고 사나운 목숨을 스스로 끊지도 못한 채, 눈 뜨고 숨 쉬며 배고프면 밥 먹고 목마르면 물마시며 살기를 탐하고 죽음을 두려워하며 상례를 제대로 지키지 못했소. 그러고도 구차하게 하늘 아래 버젓이 산 지 이제 어느덧 두 해가 되었소. 세월이 흘러 아버지의 음성과 모습이 더욱 아련해져 오히려 내게 극심한 고통이 있는 줄도 모르게 담담해졌으니, 이 모질고 사나움을 어찌 다른 사람에 비할 수 있겠소. 그래도 아직 양심은 남아 때때로 한밤중에 내 죄를 반성해 보면, 불효한 것과 은혜를 저버린 것 때문에 억장이 무너지고 뼈를 깎는 듯하다오. 불효하고 못난 나를 가만히 생각해 보니, 부모의 기색을 살피고 뜻을 받드는 효도를 하기에는 이미 늦었고, 오로지 제사에 정성을 다해 돌아가신 분을 살아 계실 때처럼 섬기는 방법만 남아 있을 뿐이오. 생전에 못다 한 효도를 여기에 심력을 기울이는 것으로 만분의 일이나마 속죄해야 할 것이오.

효성이 지극한 당신은 평소 아버지를 섬기던 마음을 그대로 제사 지내는 데 옮겨, 나물을 비롯한 제수와 술을 마련해 아버지께서 말씀하시던 대로 정성을 다해 엄숙하게 치러냈소. 행여 아버지의 영혼이 당신의 효심을 받아주어 나의 죄를 잊으실 수만 있다면 이 끝없는 고통도 조금은 덜해질 것이고, 망극한 은혜도 조금은 갚을 수 있을 것이오. 나의 바람은 이것뿐인데, 이제 당신이 갑자기 먼저 죽어 아버지의 당부며 기대 그리고 나의 소원이 모두 허사가 되었소. 너무도 슬프고 마음 아프오. 당신의 병은 상을 당한 초기에 생긴 것인데, 친정을 그리워하다 보니 정신마저 더욱 쇠약해졌소. 그러다 지난 겨울 연제(練祭)▪ 때 아픈 몸으로 제사를 치르느라 병이 심해져 희한한 증세까지 보이다 결국에는 다시 일어날 수 없게 되었구려. 오호애재라!

아버지께서 세상을 떠나셨으니, 우리는 살아도 죽은 것이나 다름없소. 나처럼 모진 자가 아니면 분명 버틸 수 없는 일이오. 더구나 당신처럼 효성스러운 사람이 어찌 끝없는 고통을 견디며 이 세상에 오래 남을 수 있었겠소. 그러니 당신이 지금 죽은 것을 한스러워할 일은 못 되오. 다만 하늘은 착한 자에게 복을 내리고 못된 자에게 화를 내리는 법인데, 어찌하여 반대로 모진 사람은 죽이지 않고 도리어 당신처럼 지극히 효성스런 사람을 죽이는지가 이상할 뿐이오. 하늘이여, 하늘이여. 도대체 무슨 이유요? 아! 이제 알겠소. 내가 나쁜짓을 저질러 하늘에 죄를 짓고도 부모상을 당해 죽지 않

▪ 아버지가 살아 계실 때 돌아가신 어머니의 소상을 한 달 앞당겨 열한 달 만에 지내는 제사. 또는 소상을 달리 이르는 말이다.

고 세상의 즐거움을 그럭저럭 누렸기 때문이고, 하늘이 또 이를 미워해 끝없는 고통을 품게 하신 것이오. 그런데도 모진 목숨 스스로 끊을 줄을 모르니, 나의 불효한 죄는 죽어도 모자랄 것이오. 하늘이 벌을 내려 나를 죽이려 했지만 나만 죽여서는 그 죄를 징계하기에 부족하다고 여긴 거요. 그래서 먼저 아버지께서 사랑하시던 당신에게 화를 옮겨 불효를 드러낸 거요. 그리하여 나로 하여금 온갖 고통을 실컷 겪게 한 뒤에야 나를 징계하려는 것이니, 나 때문이 아니라면 당신이 어찌 이 지경에 이르렀겠소. 오호애재라!

아버지께서 세상을 뜨신 뒤에 비록 내가 모질어 죽지는 못했지만, 당신과 내가 곁에서 모시며 함께 사랑을 입던 때를 추억해 보니, 처음에는 꿈만 같아 아련하다가 나중에는 원통하고 가슴이 막혀오는구려. 오호통재라! 이 세상에 살면서 다시는 이런 날을 만날 수 없어 우리가 아버지를 그리워하는 고통이 천지처럼 무궁한데, 당신마저 나를 버리고 떠나 더더욱 의지할 데가 없게 되었으니, 내가 어찌 이 슬픔을 견딜 수 있겠소. 아! 내가 더 이상 아버지를 뵐 수 없게 되었기에, 아버지께서 사랑하시던 것이라면 개나 말처럼 천한 것일지라도 사랑하고 보호하려는 마음이 갑절이나 더하다오. 그러니 사람이야 오죽하겠으며, 더구나 소중한 아내에 대해서야 더 말해 무엇하겠소. 그러니 내가 당신에게 감사하고 당신을 소중히 여기는 마음이 어찌 아버지께서 돌아가셨다 하여 더하면 더했지 조금이라도 덜할 수 있겠소. 그런데도 당신이 죽어가는 것을 보며 끝내 살려내지 못했으니, 이 슬픔을 어떻게 견딜 수 있겠소.

아! 내가 아버지상을 당한 뒤로는 기쁜 일이든 슬픈 일이든 집안에 사소한 일만 생겨도 애달파 추모하고 숙연히 가슴아파하지 않은 적이 없었소. 그런데 당신이 지금 내가 상복을 채 벗기도 전에 죽었으니, 이 슬픔을 어떻게 견딜 수 있겠소. 더구나 내가 죽어야 할 몸인데 죽지도 않고 살아 있어 내 죄로 인해 당신을 요절하게 했소. 결국 당신은 나 때문에 죽은 것이니, 이 슬픔을 어떻게 견딜 수 있겠소. 무엇보다 내가 불효막심하여 선친의 상청에 전을 올리는 예를 마치기도 전에 내외의 제관도 갖추지 못하게 되었구려. 이제 술 따르는 일은 누가 하고 제기에 제수를 담아 올리는 일은 누가 맡겠소. 나 혼자 외로이 제사를 받드니, 어찌 나의 통한만 끝이 없겠소. 아버지의 영혼이 지각이 있다면 내려와 흠향하실 때 슬퍼하실 것이오. 이 모두가 내 불효한 소치니, 몹시도 애통하고 슬프구려.

아! 삶을 즐기고 죽음을 슬퍼하는 것이 인지상정인데, 내 삶과 당신 죽음을 비교해 보면 살아 있다 하여 무엇이 즐겁겠소. 또 죽었다고 하여 꼭 슬플 일만도 아닐 거요.

오호통재라! 아버지께서 돌아가신 뒤로 화기애애하던 지난 일들이 모두 지극한 원통함으로 변해버렸소. 그러니 우리가 더 오래 산다 해도 죽지 않고 살아 있는 시간들이 슬픔을 머금고 사는 날들이 될 거요. 그러니 세상 살기가 지겹다고만 느껴질 뿐, 다시 무슨 낙이 있겠소. 가령 우리 눈앞에 자식들이 가득하다 한들 아버지께서는 손자 하나도 못 보셨으니, 슬픔만 더하는 일이 될 뿐 다시 무슨 낙이 있겠소. 또 자식은 부모에게 효도할 뿐이니, 불효하면서 오래 사는 것보다 자신을 온전히 지키다 죽는 것이 차라리 효도가 될 것이오. 그러니 당신이 아들도 없이 요절한 데다 부모보다 먼저 죽은 것은 당신을 위해서는 슬퍼할 게 못 되오. 오직 슬퍼할 것이라곤 내가 살아 있다는 것뿐이오. 더구나 당신은 아버지가 돌아가신 지 3년도 안 되어 그 발치에 묻히게 되었소. 우리 할머니와 부모님, 그리고 두 분 어머니를 좌우에서 섬기며 살아 있을 때와 다름없이 화기애애하게 지내고 있을 거요. 그러니 불효자로 구차하게 살아 끝없는 고통을 풀 날이 없고 망극한 은혜를 갚을 길 없이, 죽느니만도 못한 채 외로운 여생을 살아가는 나와 어찌 비교가 되겠소. 이런 생각이 드니 창자가 끊어지려 하오. 몹시 슬프고 애통하구려. 살아 있는 내가 죽은 당신을 부러워한들 무슨 소용이 있겠소. 내가 슬퍼하는 것은 다만 내 삶이 불행한 것을 슬퍼할 뿐이니, 어느 겨를에 당신의 죽음을 슬퍼하겠소.

오호애재라! 당신은 평소에 내가 모질고 사나운 것은 생각지 않고, 내가 병약한 것만 불쌍히 여겨, 죽어가면서도 내 걱정만 하였소. 그러니 저승에서도 틀림없이 자기의 죽음을 슬퍼할 겨를도 없이 나를 생각하며 슬퍼할 거요. 아! 너무 걱정할 것 없소. 나는 참으로 모질고 사납다오. 더구나 나는 생부, 생모가 살아 계시지 않소. 아버지 대상을 치르느라 가슴이 무너지고 살이 저미는 듯한 고통 속에 다시 또 당신을 잃고 보니, 슬픔을 감당할 수 없을 지경이오. 그러니 내 어찌 소용없는 일로 지나치게 슬퍼해 부모의 마음을 거듭 아프게 할 수 있겠소.

오호애재라! 마음속에 끝없이 지극한 고통이 맺혀 만분의 일이
나마 당신과 함께 풀어보려 했는데, 당신은 이제 죽어 다시 일어나
지 못하니, 이 고통을 누구와 함께 푼단 말이오. 더구나 이제 이승
과 저승으로 갈라지는 마당에 마음속의 회포를 다 푸는 것이 마땅
하나, 말을 하자니 길어지고 억눌린 생각을 다 펼 수도 없소. 오직
내가 눈 감는 날 우리가 다시 구천에서 아버지를 모실 수 있다면 끝
없는 고통을 잊을 날이 있을 거요. 다만 염려스러운 것은 내가 불효
를 저질러, 죽은 뒤에 무슨 낯으로 다시 아버지를 뵐 수 있을까 하
는 것이오. 몹시도 애통하오.

오호애재라! 발인할 때가 다 되었고, 길일(吉日)은 머물러주지
않기에, 빈소에서 널을 꺼내 조도(祖道, 상례에서 발인하기 전에 지내
는 제사)를 지내고 상여를 꾸며 떠나려 하오. 훗날 함께 묻힐 것을
기약하며 한 잔 술과 조촐한 제수를 갖추어 길이 당신을 영결하니,
영혼에 지각이 있는 게 분명해서가 아니라, 이렇게나마 나의 슬픔
을 풀어보려는 것일 뿐이오. 오호애재라! 상향.

🌸 오원(吳瑗, 1700~1740)

자는 백옥(伯玉). 호는 월곡(月谷), 관물거사(觀物居士). 본관은 해주(海
州)며, 시호는 문목(文穆)이다. 공조참판과 대제학을 지냈으며, 영조의 탕
평책을 반대하다 삭직되기도 했다. 이재(李縡)의 문인으로, 남유용(南有
容), 황경원(黃景源) 등과 교유했다. 이 글의 원 제목은 제망실문(祭亡室
文)으로, 문집『월곡집(月谷集)』에 실려 있다.

가슴 속 응어리가 엉킨 실타래 같아

신경준

임술년(1742, 영조 18) 1월 22일(임오)에 고령 신씨 경준은 삼가 한 잔 술로 전을 올려 죽은 아내 강릉 최씨의 영전에 고합니다.

아! 성인(聖人)이 아내상의 상제(喪制)를 제정하면서 부판(負版)▪, 벽령(辟領)▪▪, 최복(衰服), 삭장(削杖)▪▪▪을 두고, 연제(練祭)와 상제(祥祭), 담제(禫祭)▪▪▪▪를 둔 것은 상제를 중시해서요. 상제를 중시한 것은 슬픔을 가벼이 여기지 않은 것이고, 슬픔을 가 벼이 여기지 않은 것은 그 정을 소중히 여긴 것이오. 그러니 어찌 나만 이러한 정이 없겠으며, 이러한 슬픔이 없겠소. 그런데도 당신 이 나를 버리고 떠났을 때, 이런 정이 없는 듯 거상(居喪)하면서 한 번도 슬픔을 표현한 적이 없었으니, 영혼이 지각이 있다면 그 뜻을

▪ 상복에 늘어뜨리는 베 조각.
▪▪ 참최, 자최복에서 슬퍼하는 정을 표하기 위해 부판 양쪽 옆 깃 아래에 댄 천.
▪▪▪ 오동나무 지팡이.
▪▪▪▪ 초상으로부터 27개월 만에, 즉 대상을 지낸 다음다음 달 하순의 정일丁日이나 해일 亥日을 택해 지낸다.

상복(喪服), 국립민속박물관 소장
조선시대 여자들이 상을 당했을 때
입던 옷. 소매가 넓고 깃은 곧으며
길은 앞에 6개, 뒤에 6개를 단다.

분명 알았을 거요.

노모가 당신의 죽음을 몹시 슬퍼하셔서 때로 목숨을 끊을 생각
까지 하셨는데도 내가 그 마음을 위로해드리지 못했는데, 나까지
슬퍼하는 모습을 보여 힘들게 해드려서야 되겠소? 그래서 슬퍼하
지 못했을 뿐 아니라 도리어 일상의 일을 즐거이 이야기하며 웃으
면서 지냈던 거요. 그러나 속으로는 정말 많이 슬펐다오.

당신은 부모를 잃고 외가에서 자랐으니, 말은 안 했어도 당신의
삶도 참 가엾다 하겠소. 내게 시집와서는 내 아버지를 '아버지'라
부르고, 내 어머니를 '어머니'라 불렀고, 우리 부모님도 친부모처럼
당신을 사랑하셨소. 당신도 태어나서 처음으로 부모라 불러보고 정
을 느꼈을 거요. 그런데 내가 죄가 많아 정사년(1737)에 부친께서
갑자기 세상을 뜨셨소. 집에 어머니만 남게 되자 당신은 친정부모

상복, 국립민속박물관 소장
참최복. 남자들의 상복으로 최(衰)를 단 옷을
말한다. 최란 심장의 슬픔을 나타내는 표시로
심장이 있는 왼쪽 가슴에 달았다.
후에 양쪽 가슴에 달았으며, 눈물받이라고도 했다.

와 시아버지께 못다 한 정성을 어머니께 다 바치리라 마음먹고 아침부터 저녁까지 온 정성을 다하였소. 그런데 이제 갑자기 세상을 뜨니, 어머니의 충격이 몹시 크다오. 당신도 임종 때 다른 말은 하지 않고 이것만을 죄스럽게 여겨 어머니와 내게 눈물 흘리며 말했소. 이것이 내가 당신의 죽음을 슬퍼하는 이유요.

내가 위로 4대조의 제사를 모시는데, 정결하게 받들지 못하고 있다오. 어머니께서는 연로하셔서서 편찮으신 데가 많아 맛있는 음식도 입에 맞지 않는다오. 어머니 곁에 형제자매가 많아도 다정하게 지내기 어렵고, 밖으로는 고맙게도 나를 찾아주는 손님들이 많은데 제대로 대접을 못 하고 있으니, 내가 집안 일을 돌보는 데 이런 어려움이 많다오. 당신은 자애롭고 식견이 밝으며 도량이 넓고 말수가 적어 함부로 하기 쉬운 곳에서도 조심스레 행동했소. 시간이 오래 지나도 한결같이 공경하여 나를 편안하게 해주고 내 일을 잘 처리해 주었으며 우리 집안을 잘 도와주었소. 그런데 이제 모든 게 끝났구려. 이것이 내가 나와 우리 집안을 생각하며 슬퍼하는 점이라오.

우리 아이가 별 탈 없이 잘 자라준다면 이는 당신의 분신을 남기는 것이라 참으로 위로가 되오. 이제 아이가 조금 자라 머리카락이 소복하게 정수리를 덮고, 문을 잡고 일어설 줄도 알며, 손을 들어 절을 할 줄도 안다오. 때로는 보채며 젖을 찾기도 하고, 때로는 웃으면서 귀엽게 숨바꼭질을 하기도 하고, 때로는 고래고래 어미를 부르기도 해 어미가 죽은 것도 까맣게 모르고 있소. 이것이 내가 아이를 생각하며 슬퍼하는 점이라오.

내 가슴 속의 응어리가 엉킨 실타래 같아 시원스레 마음을 펴보지 못한 지가 이미 오래되었소. 내일 당신의 신주를 사당에 옮기고, 입고 있던 최복도 벗고 지팡이도 놓으려 하오. 슬픔이 복받쳐 당신 영전에 대략 터놓고 고하니, 나의 깊은 마음을 안다면 와서 살펴주구려. 오호라!

✿ 신경준(申景濬, 1712~1781)

자는 순민(舜民). 호는 여암(旅菴). 본관은 고령(高靈)이다. 홍양호(洪良浩)와 교유했으며, 실학을 바탕으로 한 고증학적 방법으로 한국의 지리학을 개척했다. 『동국여지도』를 완성했으며, 『훈민정음운해』를 저술하여 한글의 과학적 연구ㆍ발전에도 힘썼다. 이 글의 원 제목은 제고실최씨문(祭故室崔氏文)으로, 문집 『여암유고(旅菴遺稿)』에 실려 있다.

당신의 부탁을 들어주지 못해 미안하오

이복원

숙인(淑人, 조선시대 정3품 당하관 및 종3품 문·무관의 아내에게 내린 봉작) 순흥 안씨의 영구가 오는 2월 7일 남양(南陽)으로 발인하는데, 남편 이복원은 묏자리 손보는 일로 발인하기 엿새 전에 장지로 가려 합니다. 길 떠나기에 앞서 몇 줄의 글을 지어 초하루 전을 올리는 자리에서 고합니다.

아! 당신이 내게 시집온 지도 18년이 흘렀소. 사람 사는 것이 마치 흩날리는 꽃잎이나 버들강아지와도 같아 정처 없이 흩어지고 떨어지니, 그 사이에 한 번 만난다는 것도 참으로 어려운 일이오. 더구나 배우자가 되어 한집에 살면서 아들딸 낳으며 18년을 함께했으니, 살아온 세월이 오래되었다 할 수 있지 않겠소. 수명의 길고 짧음이야 정해진 명이 있으니, 내가 어찌 슬퍼하겠소.

평소 당신을 매우 흡족해 하시던 부모님은 당신이 죽자 매우 슬퍼하셨다오. 장사 지내는 일은 남양 선산에 길지를 얻었는데, 우리 할아버지, 할머니와 백숙 부모의 산소가 빼곡히 마주하고 있는 곳이오. 조금 여유가 생기면 전처 윤 유인(孺人, 생전에 벼슬하지 못한

사람의 아내를 높여 부르거나, 정9품·종9품 문무관의 아내의 봉작)의 묘
도 이장할 계획이니, 당신과 나란히 무덤을 쓰고 그 사이는 비워두
었다가 훗날 내가 그곳에 묻히려 하오. 이제 헤어져 있을 날은 수십
해에 불과하지만, 죽어서 함께할 날은 무궁할 것이니 당신이 슬퍼
할 게 또 뭐 있겠소.

　　당신은 외로운 처지라 의지할 곳이라곤 우리 집뿐이었소. 그런
데도 내가 참으로 둔하다 보니, 당신을 내 몸처럼 여기지 못했소.
질병이 고질이 되기까지 진행 과정이 있었을 텐데도 시간만 질질
끌면서 일찌감치 손을 쓰지 못했소. 수명은 정해져 있다고 하지만
내 할 일을 다 했는지 생각하면 유감이 있구려. 이것이 내가 못내
후회하고 한스러워, 시간이 흘러도 그 한이 풀리지 않는 이유라오.

　　병이 위독해지자 당신은 내게 울며 말하기를, "친정부모님이 돌
아가셨을 때는 우리 집이 너무 가난하고, 형제들은 어려 아무것도
몰라 장례 지내는 절차에 참으로 여한이 많았습니다. 부디 제 마음
을 헤아리시어 낡은 옷과 묵은 솜으로 장사지내주십시오"라고 하였
소. 그러나 당신 상을 아버지께서 주관하셔서 내가 당신의 소원대
로 해주질 못했소.

　　또 지난날 내게 "위로는 시어른이 계시고 아래로는 어린아이들
이 있으니, 내가 죽은 뒤에 꼭 다시 장가드세요"라고 하였소. 내가
전처인 윤 유인의 상을 당했을 때는, 당시 내 나이 고작 스물이었고
자식도 없어 장가들지 않을 수 없었지만, 지금 내 나이는 그때보다
배나 더 많고, 아들도 둘을 두어 하나는 이미 혼례를 치렀소. 그러

니 내가 장가가고자 한다면 그게 말이 되겠소. 그러니 나는 또 당신의 부탁을 따를 수 없구려.

당신이 가장 마음 쓰고 안타까워하며 어쩔 줄 몰라 했던 것은 동보(同甫)인데, 근래에 그의 편지를 보니 병이 많이 나아 장례 치르기 전에 오겠다 하였소. 나는 장지에 먼저 가서 기다릴 것이고, 내 아우와 큰아이가 발인하는 데 함께할 것이오. 영혼이 지각이 있다면 어찌 방황하며 의지할 데가 없다 하겠소. 지금 떠나야 하기에 여기서 말을 줄이오. 오호라! 상향.

🌸 이복원(李福源, 1719~1792)

자는 수지(綏之). 호는 쌍계(雙溪). 본관은 연안(延安)이며, 시호는 문정(文靖)이다. 좌의정, 우의정 등을 지냈으며 문장에 능해 왕실의 기록을 많이 작성했다. 옷차림이 소박하고 행실이 진중하여 선비 재상이라 일컬어졌다. 이 글의 원 제목은 제망실문(祭亡室文)으로, 문집 『쌍계유고(雙溪遺稿)』에 실려 있다.

한스러운 이 마음을 어떻게 가누겠소

을유년(1756, 영조 1) 모월 9일에 나주 정씨 범조는 조촐한 제수를 올리며 글을 지어 죽은 아내 정 영인(令人, 정4품·종4품 문무관의 아내에게 내리던 봉작)의 영전에 고하며 곡합니다.

오호애재라! 부부간의 관계와 정리의 돈독함에 대해선 당신이나 나나 다 알고 있는 일이라 굳이 말하지 않아도 될 테고, 그것 말고 따로 하고 싶은 말이 있소. 슬퍼서 말을 잘 못 하겠지만 그래도 말하지 않을 수가 없구려.

남들은 모두 사람이 죽고 사는 것과 그 수명은 하늘에 달렸다고들 하고, 나도 참으로 그런 줄 알고 있소. 하지만 당신의 죽음만은 내가 그렇게 만든 것이지 하늘이 한 일이 아니라오. 우리 집이 본래 가난했지만 경신년(1740)과 신유년(1741)에는 그 정도가 더 심해졌는데, 당신이 시집온 때가 바로 그때였소. 경신년과 신유년도 심했지만, 당신이 살림을 맡았던 을유년(1755)과 병자년(1756)에는 그보다 더 심했소. 당시 하루 종일 끼니를 거르기도 했으니, 분명 굶주림이 당신을 병들게 했으리란 걸 내가 잘 아오. 날이 추워져도

옷을 제대로 갖춰 입지 못했으니, 분명 추위가 당신을 병들게 했으리란 걸 내가 잘 아오. 이런 생활을 10년 동안 했으니, 분명 그 병이 당신을 죽게 했다는 걸 내가 잘 아오. 발병하자 과연 굶주림 때문에 원기가 먼저 손상되었고, 추위 때문에 기침을 하고 배가 부어오르더니 20여 일이 지나자 갑자기 죽고 말았소. 병에 걸려야 할 이유가 없는데도 가난 때문에 병이 들었고, 죽어야 할 이유가 없는데도 가난 때문에 죽은 거라오. 결국 당신이 죽은 건 사람에게 달린 문제지 하늘에 달린 일이 아니었소. 아! 그러니 당신이 죽은 것을 두고 누가 하늘의 뜻이라고 하겠소. 실로 내가 그렇게 만든 거라오. 오호애재라!

내가 당신을 애달파하는 것도 가난 때문이지만, 내가 당신을 소중하게 생각하는 것도 실은 가난 때문이라오. 쌀독에 아침 지을 곡식이 없고 옷장에 몸을 가릴 옷이 없으면 남편을 비난하지 않을 여자가 드문데, 당신은 한 번도 내게 불평을 한 적이 없었소. 때로 당신이 언짢아할 때 가만히 달래주면 한 번도 마음을 풀고 편안해 하지 않은 적이 없었소. 그래서 늘 '남들은 부유하지만 난 가난한 게 운명인가 보다'라고 생각하며 부러워한 적이 없었다오.

부모님을 봉양할 때는 끼니가 늘 부족해 당신이 삯바느질을 하여 음식을 마련하곤 했는데, 당신은 한 번도 피곤한 기색을 보이지 않았소. 어머니께서 여러 해 지병을 앓으셔서 평소 식사나 기거하실 때도 늘 당신이 곁에 있어야 했는데, 당신은 수발을 들고 말씀을 따르면서 친어머니처럼 보살펴드리지 않은 적이 한 번도 없었소.

당신이 죽자 어머니께서 대성통곡하시며 "내가 살아갈 수가 없구나." 하셨고, 친척들과 이웃들도 효부가 죽었다고 탄식하였소.

인의라는 것도 부유한 데서 나오게 마련이라서 곤궁함이 극에 이르면 그 본성이 바뀌기도 하는데, 당신의 지극한 행실과 순수한 효심은 가난할수록 더 독실해졌소. 나는 진심으로 당신을 존경하고 소중히 여기는 마음이 있어, 우리 사이에 그냥 평범한 부부간의 정만 있는 게 아니라오. 그런데 당신이 이제 나보다 먼저 세상을 떴으니, 내 어찌 슬퍼하지 않을 수 있겠소.

그렇긴 하지만 내가 당신을 애달파하는 것은 사실은 내 자신을 애처롭게 여겨서라오. 내가 진심으로 부모님의 봉양을 걱정하면서도 느슨해지는 때가 있었던 것은 당신이 있기 때문이었소. 그런데 이제 누굴 믿고 여유를 부린단 말이오. 내가 진심으로 어머니의 병환을 염려하면서도 때때로 곁을 떠나 다른 지방에서 벼슬살이를 했던 것도 당신이 있기 때문이었소. 그런데 이제 누굴 믿고 떠난단 말이오. 제사 때면 나는 바깥일을 처리하고 당신은 안에서 제물을 마련했는데, 이제 누가 안에서 주선한단 말이오. 내가 아비로서 응륙이의 교육을 맡고는 있지만 기르는 것은 당신 몫이었소. 그런데 이제 누가 어미 노릇을 한단 말이오. 이 네 가지 근심은 늘 있을 테니 슬픔도 항상 뒤따를 거요. 그런데 슬퍼질 때면 당신을 애달파할 겨를도 없이 내 자신이 애처롭게 여겨질 거요. 오호애재라! 오호애재라!

계미년(1763) 겨울 내가 요행히 갑과(甲科, 문과 급제자 중 예조

에서 진시殿試을 받아 최고 득점자 세 명에게 준 등급)에 합격해 관직을
제수받고는 당신에게 넌지시 말하기를 "내 성격이 치밀하지 못하여
회계를 잘 못하긴 하지만 요행히 형편이 조금이라도 나아진다면 당
신과 함께하겠소"라고 했는데, 당신이 결국 그때까지 기다려주지
않을 줄 누가 생각이나 했겠소. 불행히 검은 머리 파뿌리 되도록 함
께 살지는 못한다 해도, 응륙이가 자라서 장가들 때까지만이라도 기
다릴 수 없었단 말이오? 설령 장가드는 것은 못 본다 해도 내가 조
금이라도 가난을 면하는 것조차 기다릴 수 없었단 말이오? 그래서
나는 가난을 면하게 될수록 더더욱 마음을 가누지 못하겠소.

　내가 내직(內職)으로 승진하여 말을 타고 시종하는 자들이 함
께 따라나선다 해도 당신이 볼 수 없으니, 한스러운 이 마음을 어떻
게 가누겠소. 내가 고을 하나를 맡아 가마에 양친을 모시고 간다 해
도 당신이 따라갈 수 없으니, 한스러운 이 마음을 어떻게 가누겠소.
형편이 조금 나아져도 당신이 무명 치마 입고 거친 밥조차 제대로
챙겨 먹지 못했던 게 생각나면, 어떻게 마음을 가누겠소. 하인들을
좀 여유 있게 둔다고 해도 당신이 손수 물 긷고 절구질하고 빨래하
던 게 생각나면, 어떻게 마음을 가누겠소. 집을 좀 손본다 해도 당
신이 여름이면 더위에 고생하고 겨울이면 추위에 떨며 제대로 견디
지 못했던 게 생각나면, 어떻게 마음을 가누겠소. 당신은 친정부모
님 상을 당했을 때 가난 때문에 뜻대로 해드리지 못한 것을 늘 애통
해 했소. 그러나 이젠 녹봉을 쪼개 장인어른 내외의 제사에 부조를
한다 해도 당신이 없으니, 어떻게 마음을 가누겠소. 당신은 전에 친

정식구들이 왔을 때 가난 때문에 반찬도 변변히 마련하지 못한 것을 한스러워했소. 그러나 이젠 처남이 들렀을 때 대접을 잘 한다 해도 당신이 없으니 어떻게 마음을 가누겠소. 시간이 흐르면 죽은 자를 차츰 잊게 되는 것이 인지상정인데, 나는 시간이 흐를수록 한이 더 많아지고 있다오. 이것이 세월이 흘러도 더더욱 당신을 잊을 수 없는 이유라오.

사람들 중에는 아내가 죽으면 다시 장가드는 이가 있소. 이는 새 마누라한테 정신을 팔아 그리운 사람을 잊어 보려고 그러는 거라오. 하지만 나는 금년에 마흔셋이라 이도 머리도 다 빠지고 있으니, 어찌 집안에 젊은 마누라를 들일 수 있겠소. 그러니 나는 당신을 잊지 못하는 마음이 오롯하여 살아 있는 동안 당신을 그리워하지 않는 날이 없을 거요. 아! 그리워하는 것도 내가 그리워하는 것이고, 그리워하지 않는 것도 내가 그리워하지 않는 것이라, 그리워하고 안 하고는 참으로 죽은 자와는 아무 상관이 없으니 그리워하지 않더라도 괜찮을 것이오. 그러나 어수선하게 내 마음을 찔러대는 것들 때문에 끝내 그리워하지 않을 수 없구려. 오호애재라! 오호애재라!

🌸 정범조(丁範祖, 1723~1801)

자는 법정(法正), 법세(法世). 호는 해좌(海左). 본관은 나주(羅州)며, 시호는 문헌(文憲)이다. 이조참판, 형조참판 등을 지냈으며『정조실록』편찬에 참여했다. 이 글의 원 제목은 곡실인문(哭室人文)으로, 문집『해좌집(海左集)』에 실려 있다.

무명 치마 하나 온전한 것이 없고

신좌모

갑오년(1834, 순조 34) 4월 3일(무술) 아내 상주 황씨가 공동(崆峒) 집에서 병으로 운명했습니다. 그 달 11일(병오)에 양주 동쪽 외송산 북쪽 언덕에 장례를 지내게 되어, 하루 전인 을사일에 남편 신좌모는 글을 지어 한 차례 곡을 하고 고합니다.

아! 여자가 양갓집에서 자라다 고관대작의 집에 시집가서 화려한 옷에 맛난 음식을 먹고, 하고 싶은 대로 하며 편히 잘 지내고, 부리는 사람이 충분해 손가락 하나 움직이지 않고도 안락하고 부귀하며, 살아서는 봉호가 내리고 죽어서는 시호가 내리는 것, 이것이야말로 부인네로서 지극히 귀하게 되는 것이라오. 하지만 일생의 영고(榮枯)와 고락을 자기 마음대로 할 수 없고 남편이 그 운명을 주관하게 되니, 그 삶이 참으로 애처롭다 하겠소. 하지만 여기에도 정해진 운명이 있어 그조차도 사람마다 각기 다르다오. 가난한 집 딸로 태어나 자라서는 곤궁한 선비의 아내가 되어 몸소 불 때고 절구질하느라 육신을 혹사하고, 바느질하고 수 놓느라 정력을 다 바치면서도 무명 치마 하나 온전한 것이 없고, 나물국마저 배불리 먹지 못하며 따뜻한 겨울에도 추위에 떨고 풍년이 든 해에도 굶주리는 사람은, 부인네 중에서도 지극히 궁하여 더더욱 애처로운 자라오. 또 그 중에는 비녀를 맡기고 돈을 받고 치마를 맡기고 음식으로 바꾸며 구차하게 고생고생하고도 배불리 먹기가 어려운데, 그런 상황에서도 남편이 학문에 종사하기를 원하고 쟁기 잡고 농사짓기를 원하지 않는 사람이 있으니, 그 뜻 또한 서글프다오. 하지만 그러고도 다 늙어 머리가 하얗게 세도록 굶주린 채 뜻을 얻지 못하고 죽는 사람과, 뜻한 바는 얻었지만 불행히도 명이 짧아 미처 보지 못한 사람도 있으니, 여기에 이르면 여자로서 애처롭기가 극에 달했다고 할 것이오. 그러니 남편된 자의 부끄러움과 한스러움이 어떠하겠소.

나는 곤궁한 선비라오. 집안은 가난하지만 유학을 공부했고, 성격은 데면데면하여 살림살이가 어떤지 식구들이 굶주리는지 아픈지 전혀 살피지도 않았소. 비록 처갓집에서 얻어먹고 살지는 않았지만 내 아내된 사람은 퍽이나 고달팠을 거요.

처음에 권씨에게 장가들어 10년을 고생하다 지난 을유년(1825)에 향시에서 떨어지고는, 마침내 발분하여 가솔을 데리고 서쪽으로 가 한양 북쪽에 자리 잡았소. 한양은 땔감이나 쌀이 금값만큼이나 비싸 견디는 데 이골이 난 사람이 아니면 도저히 못 버티는 곳이라오. 반년이 못 되어 아내가 결국 병으로 세상을 떴소. 당시 나는 자식도 없고 노모도 살아 계시기에, 오래 홀아비로 지낼 수 없어 그해에 부인을 맞아들였다오.

부인이 내 집에 들어와 가난하게 살며 고생한 것은 전처와 마찬

채용신(1848~1941),
운낭자상(雲娘子像)〉, 1914년, 종이에 담채,
120.5×61.7cm, 국립중앙박물관

가지고, 데면데면한 내 성격도 여전했다오. 그런데도 부인은 내게 글재주가 있는 것을 기뻐하고 가난하다고 나무라지 않았소. 나도 그런 부인을 편안하게 생각해, 이듬해인 정해년(1827)에 사마시(司馬試, 소과)에 합격했소. 2년 뒤인 기축년(1829)에는 아들도 하나 낳아, 식구들이 모두 당신을 복덩어리라고 했다오.

하지만 그 이후로는 시절도 안 좋고 명운도 어긋난데다 재주도 남만 못해 지금까지 실의에 빠진 채 허송세월하며 이룬 게 없소. 부인도 시름시름 앓고 초췌해져 집안은 더욱 궁핍해졌소. 게다가 기근마저 들어 푸성귀조차 먹지 못하니, 약물은 써볼 엄두도 못 내었다오. 나는 부인이 아직 젊어 병이 들어도 오래 가리란 염려는 하지 않았는데, 부인은 지난 달 28일 갑자기 졸도해 한참 후에야 깨어났소. 그리고는 자리에 누운 채 결국 일어나지 못하고 말았소. 오호통재라!

10년도 채 못 되어 아내 둘을 잃어 두 아내의 혼백이 지하에서 한을 머금게 했으니 몹시 부끄럽고 한스럽구려. 당신은 땅 속에 묻히던 날 전처를 만나 "가난한 집 아내는 어쩔 수 없고, 청빈한 선비의 아내는 더더욱 어쩔 수 없지요"라고 이야기했을 거요. 그래도 부인은 전처에 비해 조금 낫소. 한 점 혈육이 있지 않소. 그 아이는 얼굴 하관이 실하고 욕심도 있어 못나고 약해빠진 제 아비 같지는 않을 것이오. 그러니 지금 당신의 명은 짧지만 훗날 이 아이는 장수할지 어찌 알겠소.

당신은 늘 죽기만을 바랐소. 그래서 내가 "가난은 선비에게 늘 따르는 것인데, 당신은 가난이 싫어서 죽기를 바란단 말이오?"라고 나무라면, 부인은 "아닙니다, 아니에요. 제가 불행히도 병이 깊어 늘 당신에게 근심을 끼쳐 드리기에 죽는 게 낫다는 것입니다"라고 했소. 그러더니 결국 임종하던 날 한 마디 말도 없이 가버리고 말았으니, 부인은 과연 죽는 게 좋았소? 스물여섯 해 짧은 세월을 살고서 뭐가 그리 싫어 빨리 가버린 거요. 팔순의 부모님과 여섯 살 된 품안의 자식을 어떻게 차마 잊을 수 있소. 부인은 참으로 모질구려. 부인이 모진 것이 아니라면 염라대왕이 참으로 모질구려.

아! 하늘은 나를 끝내 불우하게 만들어 평생 부끄러움과 한을 품고서 영영 풀 길이 없게 하려는 것인가? 아니면 만에 하나라도 출세하여 술을 들어 부인 영전에 따르며 "부인이 미처 보지 못한 것은 운명이지 내 탓이 아니라오"라고 말하게 하려는 것인가? 오호애재라! 상향.

🌸 신좌모(申佐模, 1799~1877)
자는 좌인(左人). 호는 담인(澹人). 본관은 평산(平山)이며, 시호는 소안(昭安)이다. 병조참판, 이조참판, 성균관 대사성 등을 지냈다. 이 글의 원 제목은 제고실황씨문(祭故室黃氏文)으로, 문집 『담인집(澹人集)』에 실려 있다.

마지막 배웅도 못한 채

행복한 순간은 어찌 이리도 짧고

이시발

기유년(1609, 광해군 1) 7월 13일(임신)에, 영옹(潁翁)은 측실 이 낭자(李娘子)의 영전에 제사지냅니다.

아! 자네는 나를 버리고 어디로 갔는가.

한번은 내가 "자네가 나보다 열여섯 살이나 어리니, 나보다 뒤에 죽을 테지"라고 했더니, 자네는 "제가 먼저 죽고 싶습니다"라고 하였네. 아! 그런데 지금 자네는 그 바람대로 나보다 먼저 갔네그려. 인간의 수명은 정해진 운명이 있어 어찌할 수 없다는 것을 익히 알고 있지만, 그래도 자네에 대해서만은 그 사실을 차마 받아들이지 못하겠네. 이제 말을 하자니, 먼저 기가 막히네그려.

아! 지난 날 후사를 이어줄 사람을 구하다가 자네의 성품이 훌륭하다는 이야기를 듣고, 거의 반 년을 애태워 자네 부모님께 겨우 승낙을 받았네. 정인이 된 뒤 자네의 행실을 보니, 과연 총명하고 영특한 재주와 단정하고 정숙한 자질이 보통 규수에 비할 바가 아니었네. 부모를 공경하고 지아비에게 정성을 다하며 형제간에 우애 있는 것은 모두 다 천성에서 우러나온 것이었네. 그 밖에 문사(文

史)에 해박한 것, 거문고와 바둑에 능한 것, 자수나 서화에 뛰어난 것들은 여사(餘事)라 할 수 있었지. 그러니 내가 자네에게 각별한 정을 쏟은 것은 그 훌륭한 재색 때문만은 아니었다네.

자네가 우리 집으로 들어온 뒤에 나는 곧바로 지방관으로 나가게 되었네. 성주에서 경주로, 달성에서 함양으로, 다시 또 평양으로 지금까지 11년째 옮겨 다니며 살고 있네. 자네는 늘 나를 따라다니며 타향살이를 했지만, 우리는 밥상 한 번 제대로 마주 대하지 못했네. 그러나 자네가 아직 젊고 나도 아직 늙지는 않았기에 언젠가는 함께 살 수 있으리라 여겼네. 그러니 자네가 지금 타향에서 요절하여 한 집에서 함께 살고 싶은 바람을 저버릴 줄 어찌 생각이나 했겠는가.

자네가 아이를 낳던 날 저녁, 마침 자네 아비의 부고가 이르렀네. 나는 효성이 지극한 자네가 몹시 슬퍼하다 몸을 해칠까봐 병이 나은 뒤에 알려주려고 했는데, 자네가 결국 아비가 죽은 줄도 모른 채 죽게 될 줄은 생각도 못 했네.

자네가 많이 아플 때, 마침 사신이 국경에 와 있어 나는 그들을 접대하느라 분주해 자네를 돌볼 수 없는 것이 매우 한스러웠네. 그러니 국경 밖에서 그들을 수행하고 있을 때야 말해 뭐하겠는가. 자네는 나를 만류할 수 없다는 것을 알고 있었고, 나도 자네의 병이 나을 수 없다는 것을 알고 있었네. 자네는 나를 말없이 쳐다보며 눈물 흘리다 내 손을 잡고 "다시는 못 뵙겠지요?"라고 하고는 더 이상 아무 말도 하지 못했네. 나도 자네가 동요하여 병이 더 악화될까봐 속으로는 그지없이 슬퍼하면서도 겉으로는 태연한 척 위로의 말로 이별을 고하고 훌쩍 떠났다네. 아! 천지신명도 그날의 슬픔을 안다면 참담해 했을 것이네.

자네는 내가 떠난 지 3일 만에 결국 숨을 거두고 말았네. 부고가 도착하던 날, 나는 서쪽으로 가던 중이었네. 그래서 자네가 눈 감는 것도 못 보고, 영결하는 말도 듣지 못했으며, 시신을 어루만져주지도 못했네. 모든 장례 절차를 자네가 알지도 못하는 사람들 손에 맡기고 말았으니, 이 어찌 자네가 평소에 바라거나 짐작하던 일이겠는가. 이 일은 내 평생 한이 되어 아마도 풀어질 날이 없을 듯하네.

아! 해가 몇 달째 앓고 있어 자네는 그 아이가 죽을까만 염려했지, 자네가 해보다 먼저 죽고 해마저 자네 뒤를 따라 죽을 줄 어찌 생각이나 했겠는가. 자네 아비와 자네, 그리고 자식 3대가 두 달 사이에 모두 죽었으니, 하늘은 어찌 이렇게 혹독한 화를 내린단 말인가. 나는 자네가 죽고 열이틀이 지나서야 의주에서 돌아왔네. 황량하게 모자의 빈소가 마주하고 있는 걸 보니 간담이 찢어질 듯 애통했다네. 저 무심한 하늘이여, 이 슬픔이 언제나 가실는지…….

내가 서쪽으로 떠날 때, 자네는 내게 언제 오느냐고 물었네. 나는 약속대로 돌아왔는데 자네는 어디로 갔단 말인가. 전에는 내가 밖에서 돌아오면 자네는 문 앞에서 웃으며 맞아주었는데, 지금 내가 돌아왔는데도 자네는 왜 이렇게 싸늘하게 누워만 있단 말인가.

아! 자네의 관을 고향으로 보내 새로 잡은 장지에 묻고 훗날 나도 함께 묻혀 평소 자네의 소원을 저버리지 않을 생각이네. 그러나 과연 생각대로 될는지……. 또 하인들을 시켜 자네 무덤을 지키게 하고 3년 동안 향불이 꺼지지 않게 해주려 하는데, 자네는 아는지 모르겠네. 새로 태어난 아이의 생사는 어떻게 될지 모르지만, 달이와 민이 두 아이는 이제 어느 정도 자랐다네. 자네가 살아 있을 때보다 그 아이들을 더 잘 기르고 가르치겠네. 그 아이들이 장성하면 자네 제사를 맡길 것이니, 자네도 지하에서나마 묵묵히 도와주어 아이들이 자네처럼 일찍 죽지 않게 해주면 고맙겠네.

아! 이제 다 끝났네그려. 자네의 그 낭랑한 목소리도 더는 들을 수 없고, 아름다운 모습도 다시는 볼 수가 없네그려. 그런데도 말소리는 아직 귀에 쟁쟁하고, 얼굴도 눈앞에 선하다네. 아! 내게 귀가 있고 눈이 있는 한 잊을 수 있을지 모르겠네. 이제 자네를 만날 가망이라곤 꿈에서밖에 없는데 자네가 죽은 뒤로는 아직 한 번도 만나보지 못했네. 아! 자네는 어쩌면 그리도 무정하단 말인가. 영혼이 갈 곳을 모른 채 떠도느라 그런 건 아닌지…….

아! 10년간의 우리 행복은 눈 깜짝할 사이였는데, 사별의 슬픔은 끝이 없네그려. 행복한 순간은 어찌 이리도 짧고, 슬픔은 어찌 이리도 길단 말인가. 지하에서 만난다는 옛말도 있으니, 그 말이 사실이라면 조만간 우리가 다시 만나지 않겠는가. 내생에 다시 태어난다는 말도 있으니, 우리 인연이 아직 다하지 않았다면 다시 맺어질 가능성도 있지 않겠는가? 하지만 그럴 리는 없으니, 목놓아 울며 길이 탄식할 밖에……. 애통한 말은 여기서 끝나지만 정은 끝이 없다네. 오호통재라!

이시발(李時發, 1569~1626)

자는 양구(養久). 호는 벽오(碧梧). 본관은 경주(慶州)로 시호는 충익(忠翼)이다. 이덕윤(李德胤)의 문인이다. 임진왜란 당시 도체찰사(都體察使)로 유성룡의 종사관으로 활동했으며, 인조반정 후 형조판서 등을 지냈다. 이 글의 원 제목은 제측실문(祭側室文)으로, 문집『벽오유고(碧梧遺稿)』에 실려 있다.

필부가 목숨 비쳐 하늘을 감동시켜

고용후

모년 모월 모일, 남편 청사거사(晴沙居士) 고용후는 상처하여 비통해 하던 중, 유배지 진주에서 장례일이 오늘로 정해졌다는 소식을 들었습니다. 돌아가는 인편에 제문을 지어 보내, 죽은 아내 행주(幸州) 기씨의 영전에 술잔을 올리고 고하게 합니다.

아! 내자는 어찌하여 갑자기 이렇게 되었단 말이오. 해로하자던 언약이 모두 허사가 되었구려. 죽은 자는 다시 살아나지 않는 법이니, 사해가 아무리 넓다 한들 내 어디로 돌아가겠소. 아! 우리는 정이 깊고 친밀했는데 늘그막에 서로 떨어져 살게 되었소. 내가 어떤 때는 외진 변방에, 어떤 때는 저 먼 바닷가에, 또 어떤 때는 감옥에 있느라 떨어져 살며 서로 그리워했는데, 지금 한 사람은 살고 한 사람은 죽어 운명이 완전히 갈리었구려. 당신의 아리따운 얼굴을 더 이상 볼 수 없어 애통한 심정을 말로 하자니 눈물이 비 오듯 쏟아지는구려. 제문을 지어 위로하고 싶지만 글인들 어찌 제대로 되겠소.

아! 나는 죄와 액이 겹쳐 3년째 갇혀 있다오. 지난 여름, 조카 신이가 죽은 뒤로는 학질이 심해지고 정신마저 피폐해져 차라리 죽

느니만 못했소. 죄를 지어 죽어 마땅한 몸이라 자진한다 해도 땅강
아지나 개미의 죽음과 다를 게 없을 거요. 그러나 훗날 당신과 만나
려는 희망에 억지로 밥 먹고 마음을 누그러뜨리며 성상께서 석방해
주시기만을 기다리며 목숨을 연명해왔소. 그러니 당신이 자결할 뜻
을 확고하게 굳혔다는 걸 내 어찌 알았겠소. 갇혀 있는 몸이라 당신
과 만나지 못한 지 오래되었지만, 위로는 연로하신 어머니가 계시
고 아래로는 의지할 데 없는 홀로된 딸이 있는데, 어찌하여 그들을
헌신짝 버리듯 하고 돌아보지 않는단 말이오. 귀신은 말이 없고 하
늘은 아득하니, 누구에게 따지고 어디에다 호소한단 말이오.

지난 겨울부터 당신은 "여러 해 옥살이를 하시고도 석방될 기약
이 없으니, 사는 게 차라리 죽는 것만도 못할 정도로 괴롭습니다.
하루빨리 제가 죽어 당신의 재액을 대신 받는다면, 당신은 하늘의
보살핌을 입게 될 것입니다"라는 내용을 적어 편지를 여러 번 보냈
소. 나는 그걸 읽고 눈물을 흘리면서도 아녀자들이 으레 하는 말로
여겼지, 설마 당신이 목을 매 죽을 줄은 생각하지도 못했소. 길 가
는 사람들도 부인을 위해 탄식하며 눈물을 흘렸으니, 이 이야기를
듣고는 코끝이 시큰해지지 않는 이가 없었을 것이라고 한 홍학곡
(洪鶴谷, 조선 중기의 문신인 홍서봉)의 말이 사실이구려. 부고를 듣
고, 나는 더 살고픈 마음이 완전히 없어졌소. 상심이 너무 커서 창
자가 끊어지는 듯하고, 가래가 끓어올라 먹지도 못하고 피를 토하
고 있소.

옥살이를 하던 형님이 성상의 특별한 은혜를 입어 살아서 감옥

을 나가기만 한다면, 하늘 같은 성덕으로 형님뿐만 아니라 나까지도 다시 태어나는 일이라 여겼소. 그런데 당신의 지극정성에 하늘도 감동하여, 저 밝은 해가 그늘진 낭떠러지의 초목을 비추듯 인간 세상을 굽어 살피셨구려.

이제 진주로 유배를 가게 되었으니, 고향으로 돌아가는 것과 무엇이 다르겠소. 살리기를 좋아하시는 성상께서 선친의 순국한 충절을 긍휼히 여기시어 우리 대에까지 용서를 베푸시니 충성을 권장하는 은전을 보이신 것인 줄 잘 아오. 그러나 당신의 죽음도 남편을 위하는 슬픈 마음에서 나온 것이니, 성은을 입는 데 조금이나마 도움이 없었다고 할 수는 없을 게요.

아! 당신을 입관한 다음 날, 한밤중에도 옥에 누워 잠을 이루지 못하고 있었소. 그런데 비몽사몽간에 벽 너머로 나를 부르는 소리가 들려 자세히 들어 보니, 바로 당신이었소. 살아 있을 때와 똑같은 목소리로 "가까운 시일 내로 반드시 성은을 입을 것이니, 마음을 느긋하게 가지세요"라고 하였소. 놀라서 깨어 앉아 있자니, 눈물이 옷깃을 적셨소. 과연 얼마 안 가 당신 말대로 되었으니, 참으로 놀라운 일이요. 이 학사(李學士) 자시(子時, 이민구. 자시는 그의 호다)가 애도하여 지은 만사에 "필부가 목숨 바쳐 하늘을 감동시켜"라는 구절이 있을 정도로, 당신은 사대부들 사이에 종종 열부로 일컬어지고 있다오.

아! 예부터 인생은 덧없어, 수명의 길고 짧음은 달라도 결국은 다 죽게 마련이라오. 인간이 죽음을 피할 순 없지만, 죽을 자리에서 죽는다면 그래도 유감이 없을 것이오. 다만 내가 깊이 슬퍼하는 것은 술을 좋아하다 본성을 잃고 주정부리고, 술에 절어 비틀거리다 결국 재앙을 당해 제 무덤을 파서 당신을 이 지경에 이르게 한 거라오. 내가 죽인 것은 아니지만, 나 때문에 죽었다고 해도 과언이 아닐 것이오. 그러니 지울 수 없는 참회와 고통을 어찌 한시라도 잊을 수 있겠소. 당신같이 어진 사람이 죽게 된 것이 결국 누구의 허물이겠소. 당신이 보낸 편지의 먹물이 아직 마르지 않았고, 상자 속의 옷에는 당신 체취가 아직도 남아 있는데 아름답고 훌륭한 당신은 관 속에 누워 있구려. 이제 흔적도 없이 사라져 영원히 만날 수 없게 되었구려. 앞으로는 꿈속에서나 만날 수 있을 테니, 끝없는 이 고통은 죽는다 해도 줄어들지 않을 것이오.

의금부에서 나오던 날, 죽전동 옛집으로 가 당신의 관을 어루만지며 신씨 집안으로 시집간 딸아이와 마주 보고 목 놓아 울었소. 곡을 멈추자 딸이 오열하며 "어머니께서는 생전에 까치가 우는 소리를 들을 때면, 문 밖에 나가 무릎을 꿇고 빌며 '오늘은 네 아버지가 성은을 입고 석방되어 돌아오시지 않을까?'라고 하셨습니다. 날이 저물도록 소식이 없으면 눈물을 흘리며 한숨을 내쉬고는 '내가 죽어야 네 아버지가 성은을 입으실 모양이다. 너는 내 말을 기억하거라'라고 하셨습니다. 아버지를 기다리는 나날들은 하루가 석 달처럼 길고 괴로웠으니 목숨을 끊으려고 결심하신 것은 하루아침의 일이 아닙니다"라고 하였소. 아! 내가 어찌 차마 이 말을 듣고 있을 수 있겠소. 하지만 유배지로 가는 길이 급해 부자가 서로 부여안고 대성통곡하고는 문을 나섰소. 아내를 잃고 자식과 생이별하는 애통함을 담 너머로 지켜보던 이웃 사람들도 탄식하지 않는 이가 없었소.

아! 조수도 짝을 잃으면 울며 머뭇거리는데, 하물며 만물의 영장인 인간에게 어찌 정이 없겠소. 장자가 아내가 죽자 물동이를 두드리며 노래한 것이 생사를 달관한 데서 나온 행동이라고는 하지만, 실은 그도 마음이 편치 못해서 그랬을 거요.

아! 백 년을 산다 해도 눈 깜짝할 사이이거늘, 백 년도 못 사는 경우야 말해 뭐하겠소. 죽은 자가 아무것도 모른다면 그만이지만, 지각이 있다면 얼마 안 가 지하에서 만날 것이오. 나는 당신의 영혼이 보통 사람과 달라, 육신은 썩는다 해도 한 조각 혼령은 죽지 않고 살아 밝게 빛나고 있으리란 걸 믿소. 총명하던 외손자 수성이와 양고는 요절하여 어디에 묻혀 있는지도 모르는데, 과연 당신은 그 아이들과 만나 보듬어 안아주고 있는지……

아, 부부간의 정은 이승과 저승으로 떨어져 있다 해서 전보다 덜해지지는 않을 것이오. 그러니 당신은 유배지에서 쓸쓸히 지내는 내 신세를 불쌍히 여겨 고향으로 무사히 돌아갈 수 있도록 묵묵히 도와주구려.

슬프구려! 이곳에 온 첫 날, 말을 놔두고 걸어서 남강으로 가 큰형님이 순국한 곳에서 곡을 했소. 그리고는 바로 집으로 돌아와 두문불출한 지가 벌써 석 달이 되었소. 계절이 바뀌어 시원한 가을바람이 불어오는구려. 저 멀리 어머니께서 계신 한양을 생각하니, 가족들과 떨어져 있는 내 신세가 너무 처량하구려. 가을밤은 차츰 길어져 귀뚜라미가 슬피 우는데 홀로 누워 잠 못 이루다 보면, 이슬 내리고 별은 밝은데 강 마을에선 다듬이질 소리가 들려온다오. 벽이 허물어진 방 안에 썰렁한 등불 하나 켜두고 나 홀로 외로이 있는 광경을 본다면, 당신은 저승에서도 나를 위해 우느라 눈물이 마르지 않을 거요.

고요한 밤, 달빛이 창에 비칠 때면 교교한 달빛과 어른거리는 그림자에 당신이 옆에 있나 싶지만, 허공에 떠 있는 구름과 거울 속에 비친 꽃처럼 바라볼 수는 있어도 만질 수는 없으니 어찌하겠소. 아! 우주가 생긴 이래로 훌륭한 덕을 지니고도 운명이 기구하여 한을 품고 죽은 부인들은 참으로 많았으니, 어찌 당신만 그러하겠소.

때맞춰 당신의 관을 남쪽으로 가져올 수 있었던 건 한양의 제현들이 가엾게 여겨 부의를 내어 도와준 덕택이오. 장례도 예에 맞게 잘 치러질 것이니, 이는 모두 정랑 형님, 그리고 효원이와 군회 두 조카가 처음부터 끝까지 잘 주선해준 덕분이오. 장지는 장성에서 남쪽으로 6리쯤 떨어진 오동리의 북향 기슭으로 부모님 산소 옆이오. 왼쪽에는 큰형수의 묘가 열 걸음 정도밖에 떨어져 있지 않은 데다 산세도 수려하고 수목이 울창하니, 참으로 장지를 제대로 썼다 하겠소.

생전에 어머니께서는 늘 새며느리가 당신을 잘 섬긴다고 칭찬하셨소. 아! 구천에서 상봉하여 시어머니를 따르고 시아버지를 뵐 적에 평생 부끄럽지 않게 처신했으니, 신도(神道)도 편안할 것이오. 더구나 내가 진주로 오고부터는 고향인 호남 지방과 가까워 먹고 자는 것도 그런대로 편안하고 지병도 조금 나았소. 이는 천지 부모 같은 성상의 은혜이니, 이승에서나 저승에서나 성은에 보답하기를 생각해야 할 것이오.

아, 지금까지도 꿈에서 당신을 자주 보는데, 당신 말투가 편안하고 차분한 게 근심하거나 원망하는 기색이 없구려. 지하에서 편히 눈을 감아 더 이상 상심할 일도 없어서 그런가 보오. 혼백이 오붓하게 만나 경치 좋은 저승에서 잘 지내고 있는 게 분명한데, 이 세상에 남은 나는 어찌하란 말이오. 아! 산등성이나 바닷가에 가서도 끊임없이 울부짖으며 눈물 흘리지만, 그것으로는 당신의 마음을 위로하고 내 슬픔을 달랠 수가 없구려. 근신하고 학문에 힘써 개과천선하여 대대로 충정을 독실하게 하려던 바람을 이루어, 살리기를 좋아하시는 성상의 은덕에 보답하는 것만이 나의 슬픔을 달래고 당신의 마음을 위로할 수 있는 길일 것이오. 그러니 어찌 감히 조심하지 않을 수 있겠으며, 자신을 경계하지 않을 수 있겠소.

아! 이 몸이 조만간 사면되어 고향으로 돌아가게 된다면, 조상의 묘에 성묘하고 당신 무덤에도 술 한 잔 부으리다. 그 후로 두문불출해 병을 조섭해가며 여생을 보내는 게 소원인데, 당신도 어디선가 도와줄는지…….

아! 당신을 염할 때 시신을 부축하지도 못했고, 술 한 잔 올리지도 못했소. 하관할 때도 슬픔 가득한 마음으로 관을 들어주지도 못했소. 그러니 살아 있는 자로서 나만큼 슬픈 이가 누가 있겠소. 그러나 이 또한 내가 자초한 일이니 또 누구를 탓하겠소.

아! 당신은 남달리 총명해 책 읽는 소리를 듣고는 즉시 외워버려 거의 막힘이 없었소. 그러니 지금 써 보내는 제문도 그 뜻을 제대로 알아 내 마음을 다 헤아려주리라 보오.

제사를 지내 향이 퍼지면 마음이 서글퍼지는 것은 필시 죽어도 아주 없어지지 않는 혼이 강림해서일 거요. 여보! 가만히 이리로 와 흠향하기 바라오.

고용후(高用厚, 1577~1652)

자는 선행(善行). 호는 청사(晴沙). 본관은 장흥(長興)으로 의병장 고경명(高敬命)의 아들이다. 남원 부사와 고성 군수를 거쳐 판결사(判決事)를 지냈다. 이 글의 원 제목은 제망실숙부인기씨문(祭亡室淑夫人奇氏文)으로, 문집 『청사집(晴沙集)』에 실려 있다.

백년해로하자던 약속은 하루아침에 무너지고

조경

모년 모월 모일, 한양 조씨 경은 위리안치(圍籬安置, 죄인을 배소에서 벗어나지 못하도록 가시로 울타리를 만들고 그 안에 가두는 형벌)된 의주의 백마산성에서 글을 지어 한양 집으로 보내, 외손자 중호를 시켜 죽은 아내 정부인 김씨의 영전에 전을 올리고 고하게 합니다.

아! 부인은 칠순이 다 되도록 살았고, 정부인의 봉호를 받았소. 아들과 딸을 두고 외손자들도 많으니, 천수를 누리고 복록까지 겸했다 하겠소. 그러나 지난 생애를 돌아보니, 떨어져 살며 고생한 것이 가난한 선비의 아내만도 못했기에 나도 모르게 슬퍼져 가슴이 아파오는구려.

부인이 우리 집안으로 시집온 지 올해로 49년째요. 시절이 어렵다 보니 한 곳에 정착하지 못하고 과천으로 아산으로 홍주로 영남 지방 등지로 전전하며 살았으니, 떠돌며 고생한 것을 어찌 말로 다 하겠소. 나는 본래 세상 물정에 어두워 생계를 제대로 꾸려가지 못했을 뿐 아니라 아침저녁에 먹는 음식이 어디서 나오는지도 모르고 살았소. 부인이 아침에는 거친 밥을 먹고 저녁에는 푸성귀죽을 먹는 건 그렇다 쳐도, 과거에 급제하여 지방 수령으로 여러 차례 나갔는데도 부인에겐 변변한 옷 한 벌 없었소. 이는 부인이 주변머리가 없어 그런 탓도 있겠지만, 성품이 검소한데다 내 뜻을 잘 따라주었기 때문이오. 내가 외람되게 성은을 입어 2품의 지위에 오르고 인사권을 쥐게 되었는데도 우리 집에는 뇌물을 주러 오는 이가 얼씬도 못 했소. 처가의 친족 중에도 누구 하나 청탁하러 오는 이가 없었으니, 부인의 내조가 누구 못지않다는 걸 내 오늘에야 알겠소. 그러나 이젠 모든 게 끝나버려 다시는 부인을 볼 수 없구려.

귀양을 가게 되어 집안 어른께 인사 여쭙고 부인에게 작별을 고하러 갔었소. 그때 부인은 병이 심해 말도 제대로 못 하는 지경이었지만, 상황을 알아채고는 망연자실하여 슬퍼하는 기색이 역력했소. 그 후 위봉이가 두 번 오고 손자가 몇 번 서찰을 보내왔는데, 모두들 병세는 차도가 없으나 말하는 건 점차 분명해지는 것 같다고 했소. 그래서 나는 하늘이 우리 집안을 불쌍히 여겨 부인의 병세를 조금 누그러뜨려 내가 살아 돌아갈 때까지 기다리게 하려나보다 생각했소. 그러니 이렇게 갑자기 가버릴 줄 어찌 알았겠소. 애통하고 애통하구려.

부인은 겨울이면 언제나 집안의 어린 아이들까지 다 겨울옷을 입히고 나서야 자신도 입었고, 한겨울에도 버선을 신지 않고 맨발로 지냈소. 나는 늘 그 점을 의아해 하면서도 한편으로는 잔병이 없는 것을 다행으로 여길 뿐 의원에게 보여 약 한 번 써보지 못했소. 그러니 그것이 중풍의 원인이 되었고, 나이 들어 어느 날 갑자기 발병하여 고치지 못하게 될 줄 어찌 알았겠소. 내가 어리석어 이렇게 되었으니 후회한들 뭐하겠소.

부인의 부고를 접하기 전에 몇 차례 꿈을 꾸었소. 꿈속에서 부인은 평소처럼 부모님 방문 밖에 있거나 이불을 꿰매며 내게 말을 걸곤 했는데, 이는 분명 죽음을 알려주는 조짐이었구려. 애통하고 애통하구려.

더더욱 가슴아픈 것은 부인이 병상에 있던 2년 동안 말은 못 해도 정신은 또렷했다는 점이오. 그러기에 나와 생이별을 하고, 하나뿐인 자식 위봉이가 천리 밖 국경 너머로까지 분주히 다니는 일들을 모두 지켜봐야 했으니, 슬픔과 괴로움으로 병중에도 애간장이 다 탔을 거요. 죽어서도 지각이 있다면 어찌 눈을 감을 수 있겠소.

아! 백년해로하자던 약속이 하루아침에 무너졌는데, 염하는 것도 직접 못 보고, 시신 옆에서 곡도 못 해주고, 술 한 잔도 직접 올리지 못했으니, 내가 비록 살아 있지만 속은 다 문드러졌소. 그러나 당신과 내가 감읍할 일은 성상께서 우리 집에 상사가 생긴 것을 특별히 유념하시어 분에 넘치는 부의를 내려주신 것이오. 게다가 유사(有司)에게 장례를 돕도록 명하셨으니, 이는 옛날 명부(命婦, 봉작을 받은 부인들을 두루 이르는 말)들도 누리지 못했던 영광이요. 죽은 자에게 영혼이 있다면 지하에서나마 불행하다고 슬퍼하지는 않을 거요.

저 포천을 둘러보니, 위아래 언덕이 모두 좋구려. 선조들께서 이곳에 묻혀 계시고 일가 중에 먼저 돌아가신 분들도 여기 묻히셨

소. 영혼이여! 길이 편안하구려. 정은 끝이 없는데, 글로는 내 심정
을 다 표현할 수가 없구려. 천리 먼 길 떠나보내는 글을 어린 손자
에게 대필시켜 제사지내게 하오. 아! 상향.

🌸 조경(趙絅, 1586~1669)

자는 일장(日章). 호는 용주(龍洲), 주봉(柱峯). 본관은 한양(漢陽)이며 시
호는 문간(文簡)이다. 대제학, 형조판서, 이조판서 등을 지냈으며 숙종 때
청백리에 녹선되었다. 이 글의 원 제목은 제부인문(祭夫人文)으로, 문집
『용주집(龍洲集)』에 실려 있다.

나같이 못난 사람과 짝이 되어

송시열

정사년(1677, 숙종 3) 5월 4일, 유배 중인 죄인 은진 송씨 시열은 조정의 논의가 급박하게 돌아가 길일을 가릴 겨를도 없이 죽은 아내 이씨의 영구를 유성 산기슭에 임시로 급히 매장한다는 소식을 듣고는, 멀리서 제수를 보내 손자 회석이에게 영구 앞에서 대신 고하게 합니다.

아! 나와 당신이 부부가 된 지 올해로 53년이 흘렀소. 그 동안 가난에 쪼들려 거친 밥도 배불리 먹지 못하고 손발이 다 닳도록 고생만 하던 형상은 이루 다 말할 수 없구려. 내가 지은 죄가 많아 일찍 죽은 자식이 많으니, 그 모진 슬픔과 고통은 사람으로선 견디기 힘든 일이었소. 근자에 내가 화를 입어 당신과 떨어져 산 지가 벌써 4년째요. 때때로 나에 대해 들려오는 놀랍고 두려운 소식에 얼마나 마음 졸이고 두려움에 떨며 초조해 했겠소. 그러다 결국 수척해지고 병이 들어 이렇게 되고만 것이니, 그 자초지종을 따져 보면 다 못난 내 탓이오. 당신 운명이 기구하여 나같이 못난 사람과 짝이 되었으니, 당신이야 원망을 안 한다 해도 나로서는 부끄럽기 그지없는 일이구려.

　지난해부터 빨리 가서 만나보고 싶었는데, 말들이 많아 번번이 주저앉고 말았소. 혹 여론이 차츰 누그러져 좀더 연명하게 되면 우리가 만나 잘 지낼 날이 있을 것 같았소. 편지로 주고받은 이야기도 모두 이런 이야기들이었소. 그런데 당신은 이러한 뜻을 끝내 저버리고 말았으니, 편히 눈감기가 어려웠을 거요. 지난번에 부고를 받고서는 급히 자손들에게 당신을 만의(萬義)에 장사지내 며느리와 서로 의지할 수 있게 하라고 하였소. 그런데 갑자기 일이 급박하게 돌아가 계획대로 되지 않았으니, 이 역시 불행한 일이구려.

　사람들의 논죄가 극에 달하고, 바닷가의 장기(瘴氣)로 내 몸도 매우 쇠약해졌소. 그러니 이 생명도 언제 끝날지 모르겠소. 내가 죽은 뒤 자손과 아우들이 내 뼈를 선산에 묻어준다면, 그때는 당신도 이장하여 나와 합봉할 수 있을 것이오. 그때가 되면 우리가 살아서는 떨어져 있었어도 죽어서는 함께 살 수 있을 거요. 이밖에 다시 무슨 말을 더 하겠소. 아! 지금 떠도는 소문이 너무 흉흉하니, 당신이 세상에 살아 있다 해도 그 고통을 어찌 견뎌내겠소. 그러니 먼저 훌쩍 떠나 아무것도 모르고 있는 것이 도리어 나는 부럽기만 하구려. 하지만 과연 그런지, 아니면 살아 있을 때처럼 지하에서도 마음 아파하며 안절부절못하고 있는 건 아닌지……

　아! 갑작스런 일인 데다 인편이 떠나려 하니, 끝없이 이는 생각을 말로 다할 수 없구려. 영혼이 이를 안다면 나의 슬픈 마음을 헤아려주오. 오호애재라! 오호애재라!

작자 미상, 〈송시열 초상〉, 비단에 채색, 89.7×67.6cm, 국립중앙박물관

송시열(宋時烈, 1607~1689)

자는 영보(英甫). 호는 우암(尤庵), 화양동주(華陽洞主), 남간노수(南澗老
叟), 교산노부(橋山老父). 본관은 은진(恩津)이며 시호는 문정(文正)이다.
영의정 등을 지냈고, 노론의 영수(領袖)로 많은 인재를 배출했으며 글씨에
도 일가를 이루었다. 이 글의 원 제목은 제망실이씨문(祭亡室李氏文)으로,
문집『송자대전(宋子大全)』에 실려 있다.

남쪽 하늘을 바라보며 통곡할 뿐

정호

갑신년(1704, 숙종 30) 12월 18일(갑신) 남편 연일 정씨 호는 죽은 아내 정부인 강릉 최씨의 장례일이 다가왔다는 소식을 들었지만, 변방에서 벼슬살이하느라 갈 수가 없어 삼가 술과 과일을 차려놓고 멀리서 글을 지어 고합니다.

아! 당신이 우리 집안에 시집온 지 어느덧 35년이 흘렀소. 너무도 가난하여 그 고생을 견뎌낼 이가 없을 텐데, 당신은 고생이라 여기지 않았을 뿐 아니라 도리어 편안하게 생각했으니, 참으로 어질 구려. 내가 당신에게 장가들고 얼마 되지 않았을 때 장인어른께서 "내 딸이 남보다 그다지 나은 것은 없지만 선량하고 판단이 정확해 지극히 효성스럽게 부모를 섬긴다네. 이 마음으로 시어머니를 섬긴다면 어디 가서도 잘할 것이네"라고 하셨는데, 이 말씀이 과장이 아니라 사실이었소.

임자년(1672)에 당신은 누암(樓巖)에서 처음 시어머니를 뵈었소. 당시는 어머니께서 생존해 계시긴 해도 가세가 기울어 동생들은 아직 장가도 들지 못했고, 막내 여동생은 혼처도 정해지지 않은 때였소. 맛난 음식은 말할 것도 없고 끼니조차 제대로 잇지 못하는 형편이었는데도, 당신 혼자 고생하며 밥을 하여 시어머니를 봉양하고 옷을 지어 나를 입혀주었소. 여동생이 시집갈 때는 힘닿는 대로 혼수를 마련하며 조금도 어려움을 드러내지 않아, 사람들이 그 덕을 따라갈 수 없다고 칭찬했소. 몇 해 지나지 않아 어머니께서 돌아가시자, 삼년상을 치르는 동안 성심껏 제수를 마련해 내게 여한이 없게 하였소. 당신처럼 훌륭한 품성을 지니지 않았다면 누가 이렇게 할 수 있겠소. 아! 어찌 차마 말로 하겠소.

임술년(1682)과 갑자년(1684)에 소과와 대과에 모두 급제했지만, 돌아가신 부모님에 대한 통한에 싸여 있었으니, 누구를 위해 기뻐할 수 있었겠소. 영예롭게 출세한다는 기분은 조금도 들지 않고 그저 당신과 마주앉아 때때로 눈물만 흘렸다오. 게다가 시국이 안 좋은 걸 보고는 더 이상 세상에 뜻을 두지 않고 벼슬을 버리고 시골로 가려고 생각했소. 가난에서 벗어나자마자 영달의 길을 버리는 것은 소견이 좁은 아녀자라면 누구나 좋아하지 않는 일이라서, 혹시나 당신도 그럴까 염려하여 시골로 돌아가는 일을 상의하였소. 그러자 당신은 인색하게 굴지 않았을 뿐 아니라 선뜻 찬성해 함께 고향으로 돌아갈 수 있었소. 그때가 무진년(1688) 가을이었는데, 이듬해에 기사년의 화*가 있었소. 이것만 보아도 당신은 아녀자가

■ 숙종이 장희빈 소생의 아들을 세자로 삼으려 하자, 송시열 등 서인(西人)들이 이를 반대하여 축출되고 정권이 서인에서 남인으로 바뀐 이른바 기사환국(己巳換局)을 말한다.

전 김홍도, 《평생도》 중 〈관찰사부임(觀察使赴任)〉, 비단에 채색, 53.9×35.2cm, 국립중앙박물관

지녀야 할 아름다운 행실만 두루 갖춘 게 아니라, 남자가 벼슬길에서 물러나야 할 때가 언제인지 아는 통찰력까지 지녔다 하겠소. 당신에겐 이른바 '여사(女士)로서의 기풍'이란 것이 있었다오.

그 뒤 환란을 겪으며 우환을 함께하다가 점차 벼슬길에서 승진을 하게 되었소. 그러나 당신은 남편 덕에 봉작을 얻은 것을 한 번도 좋아한 적이 없고, 도리어 분에 넘칠까 늘 두려워했소. 이런 데서도 평소 내조가 어떠했는지 알 수 있다오. 오호애재라!

지난 봄 함경도 관찰사가 되어 혼자 먼저 임지로 왔소. 국법에 따라 여름철에는 가솔을 데려올 수 없어 가을에나 함께 모여 살려고 하였소. 그런데 갑자기 꿩이 집 안으로 날아 들어오는 변고가 생겨 매우 꺼림칙하여, 혹시 가족들을 오지 못하게 하면 재앙이 물리쳐질지도 모른다고 여겼소. 게다가 마음이 불안하여 이곳에 오래 머물 생각도 없어, 우선 행차를 멈추고 추이를 지켜보자고 급하게 편지를 써서 길 떠난 가족에게 전달하였소. 하지만 운명이란 정해져 있고 조짐을 본 것이 어긋나지 않아, 오다가 돌아간 지 몇 달이 채 안 되어 갑작스레 당신이 세상을 뜨고 말았다오. 아! 어찌 차마 말로 다 하겠소.

내 나이도 이제 노년에 접어들어 저승으로 갈 날이 멀지 않았으니 쓸데없이 슬퍼할 필요는 없을 거요. 하지만 관직에 매여 있어 때맞춰 돌아가 장사를 치를 수 없는 형편이다 보니, 남쪽 하늘을 바라보며 통곡만 할 뿐이오. 마음이 착잡하여 글도 제대로 되지 않는구려. 못다 푼 회포는 돌아가는 날 글을 지어 고하겠소. 오호애재라!

🌸 정호(鄭澔, 1648~1736)

자는 중순(仲淳). 호는 장암(丈巖). 본관은 연일(延日)이며, 시호는 문경
(文敬)이다. 송강 정철의 현손이며, 송시열의 문인이다. 3정승을 두루 거쳤
으며, 노론의 대표적 인물이다. 이 글의 원 제목은 제망실정부인문(祭亡室
貞夫人文)으로, 문집 『장암집(丈巖集)』에 실려 있다.

텅 빈 골짜기에 날은 저무는데
향불 피울 사람 하나 없이

조덕린

당신은 마음이 따뜻하고 순수하며, 행실이 안정되고 모나지 않았소. 스물둘에 내게 시집와, 시부모님을 섬길 때는 예법에 맞게 공경했고 나를 대할 때는 거스르는 법 없이 순종하여 아래위 동서들, 친척, 이웃 모두가 탄복하며 흠잡는 말이 없었다오.

나는 젊어서 과거공부를 했지만 오래도록 뜻을 이루지 못하다가, 당신이 뒷바라지하며 격려해주어 뒤늦게서야 뜻을 이루었소. 그러느라 하루도 부모님 섬기고 자식들 기르는 즐거움을 함께 누리지 못했는데 당신이 죽고 말았으니, 아! 안타깝고 슬프기 그지없소.

당신은 어려서 부모를 잃어 외가인 학사(鶴沙)* 김 선생님 댁에서 자랐소. 바탕이 아름다운 데다 가르침을 잘 받아 행실이나 말이 법도에 어긋나는 법이 없었소. 나는 젊어서 성격이 거칠어 일이 여의치 않으면 곧잘 화를 내곤 했소. 당신은 옆에서 가만히 따라주다가 일이 지난 뒤에 차근차근 간곡하게 지적해주었고, 그러면 나

---

* 김응조(金應祖)의 호. 유성룡의 문인으로, 권씨 부인은 그의 외손녀다.

는 부끄러워 사과하느라 정신이 없었다오.

지난 10여 년 동안 한 해도 빠짐없이 성균관에 응시하느라 어떤 때는 한 해에 두 번 가기도 했고, 가서는 더러 5~6개월을 머물며 돌아오지 않은 적도 있었소. 집안이 본래 가난하여 여비를 마련할 수 없는 형편이었는데, 당신은 가난하고 고달픈 가운데 어렵사리 여비를 마련하느라 밤낮으로 일을 하면서도 한 번도 힘든 내색을 하지 않았소.

경오년(1690)에 큰형님이 외과(嵬科)에 급제하시고, 나는 그 이듬해에 급제를 하였소. 이때부터 해마다 한양에 가서 집에 있는 때라곤 일 년에 고작 3~4개월에 불과했소. 전에 비해 벼슬아치의 관복을 마련하기가 곱절이나 어렵다 보니, 당신은 굶주림과 고통을 참으며 밤새 눈도 제대로 붙이지 못했다오. 내가 위로한답시고 "몸이 많이 상하겠소. 어쩌자고 이토록 고생을 하는지……"라고 하면, 당신은 "가난한 선비의 아내에겐 늘 있는 일입니다. 무슨 노고랄 게 있겠습니까. 더구나 가난을 면할 날이 가까워지는데요"라고 했다오. 나는 그때 속으로 감탄하면서도 그 말이 슬픈 줄은 몰랐었소.

얼마 있다가 임신년(1692) 12월에 고과를 평가하러 가게 되었는데, 당신은 동짓달이나 섣달쯤 해산할 예정이어서 먼저 주천의 친정으로 갔소. 나는 당신보다 10여 일 뒤에 여장을 꾸려 한양으로 가는 길에 주천에 들러 당신을 만나, 올해 안에 다시 오겠다고 하고는 한양으로 떠났소. 그러나 큰형님께서 섣달 하순경 한양에서 계취를 들이기로 하는 바람에 더 머물기로 했는데, 얼마 안 가 큰형님께 병이 생겨 하루하루 심해지더니 계유년(1693) 정월 15일에 별세하시고 말았소. 나는 정신없이 울부짖으며 새 장가든 집에 빈소를 마련해놓고, 2월에나 상여를 모시고 남쪽으로 돌아가려고 했소.

그런데 갑자기 풍기의 황 상사(上舍)가 부음을 전해왔는데, 당신이 정월 15일에 아이를 낳고 16일에 두창이 발병해 20일에 숨졌다는 것이었소. 대관절 이게 무슨 말이오? 이게 무슨 말이오? 하늘은 우리 집안에만 이토록 혹독하게 화를 내리신단 말이오? 나는 달려가 곡을 하고 싶었지만, 형님 상여가 천리 밖 타향에 있으니 내가 가면 누가 상여줄을 잡겠소. 얼굴을 가리고 눈물을 흘리며 안절부절못하다가, 날짜가 되어 상여를 모시고 동쪽으로 나와 험한 고개를 넘어 곧바로 호상하러 온 친척에게 상여를 넘겨주었소. 그리고는 그 길로 당신의 상여를 찾아 필마로 주천으로 달려갔더니, 텅 빈 골짜기에 날은 저물었는데 사립문도 닫힌 채 향불 피우는 이 없이 외로운 넋이 오래도록 굶주리고 있었다오. 불러도 대답이 없고 술을 뿌려도 일어나지 않는구려. 사람이오, 귀신이오? 도대체 누가 당신을 이렇게 만든 거요?

우리 형제가 잇따라 과거에 급제하여 영광스러웠고, 부모님께서 살아 계시고 형제들도 무고하여 즐거웠는데, 복이 지나치면 재앙이 뒤따르는 법이라 이렇게 되었단 말이오? 내가 행여 급제를 하지 못해 벼슬자리에 오르지 않았다면 혹 당신이 살 수 있었을까? 불행히 죽는다 해도 함께 지내며 임종이라도 했더라면, 당신에게 눈 감지 못할 한을 품게 하고 내가 끝없이 애통해 하지는 않았을 거요. 오호애재라!

　당신과 부부가 된 지 겨우 16년이지만, 만으로 따지면 실은 14년이오. 거기서 응시하고 벼슬자리 찾느라 외지에 있던 기간을 빼면, 한집에서 지낸 것은 불과 5~6년에 지나지 않소. 자식 키우며 가난하게 사느라 제대로 못 먹고 못 입어 굶주림과 추위를 면치 못했으니, 그 중 편안하게 지낸 것은 며칠도 안 될 거요. 그런데도 당신이 독수공방하며 고생을 감내한 것은, 내가 역승(驛丞, 조선시대 역이나 관官을 관장하는 관직)이 되어 부모님 봉양하고 자식들 양육하며 훗날을 기약했기 때문이었소. 만약 이럴 줄 알았더라면 그따위 부질없는 영화나 몇 푼 안 되는 녹봉과 단 하루라도 당신과 지내는 즐거움을 바꾸었겠소? 오호애재라!

　당신은 기질이 청아한데다 평소 건강하고 병을 앓지 않아, 이렇게 갑작스레 가버릴 줄은 생각도 못 했소. 해산하고 하루 만에 두창이 생겼으니, 편작이나 창공(倉公) 같은 명의라 하더라도 손을 쓰지 못했을 거요. 뒤이어 딸아이가 요절한 데다 젖먹이마저 잃고 말았으니, 슬프고 슬프다오.

　아! 당신의 부음을 들은 다음날 주천의 아전이 당신의 편지 두 통을 전해주었는데, 정월 4일과 14일에 쓴 것이었소. 편지에 다른 말은 없고 두 딸아이가 두창을 앓아 바삐 피접하는 상황을 자세히 적고는, 끝에 가서 경솔히 행동하지 말고 추운 날씨에 함부로 나다니지 말라고 했소. 당신이 편지 보낼 때를 생각해 보면, 집안에 두창이 퍼졌다가 잠잠해지더니 곧바로 다시 퍼진 때였소. 당신은 자

전 김홍도, 《평생도》 중 〈삼일유가(三日遊街)〉, 비단에 채색, 53.9×35.2cm, 국립중앙박물관
과거에 급제한 사람이 사흘 동안 시관(試官)과 선배·친척 등을 방문하던 일을 그렸다.

신도 전염될 줄 알고 있었고, 전염된다면 십중팔구 죽을 터이니 그 것도 받아들일 작정을 하고 있었던 듯싶소. 그러니 그 편지에 슬픔 을 호소하는 내용이 있을 법한데도, 오직 내가 추운 날씨에 경거망 동하다 몸을 상하게 될까만 염려했다오. 여기서도 당신의 어짊을 알 수 있으니, 참으로 슬프구려.

아! 당신은 나를 이렇듯 지극히 염려하는데, 나는 당신이 병을 앓는지도 몰랐고 죽는 것도 지켜보지 못했소. 부고를 듣고도 바로 가서 곡하지 못했으니, 당신이 이를 안다면 나를 비정하다고 여길 것이오. 다 끝났으니, 다시 무슨 말을 하겠소. 다시 무슨 말을 하 겠소.

아! 당신의 장지는 안동으로 정했다오. 주천에서는 30리밖에 안 되지만 여기서는 백여 리 정도 멀리 떨어진 곳이오. 당신은 주천으 로 가서 돌아오지 못한 채 결국 객지의 혼이 되고 말았으니, 견디기 어려운 당신 심정을 내 어찌 모르겠소. 장지는 평소 길지라 일컬어 지던 곳이니 아마도 혼백이 편안히 지낼 수 있을 거요. 또 그 오른 편 광중을 비워 훗날 내가 곁에 묻힐 것이오. 그리고 산 아래 밭을 마련하여 자식 하나를 분가시켜 그곳에 살게 할 것이니, 의지할 곳 없어 외롭지는 않을 거요.

옛사람은 '시집가서 자식을 두는 것이 여자의 경사'라고 했는 데, 당신은 아들 셋을 낳았소. 잘 자란다면 자질로 헤아려볼 때 남 보다 못하지는 않을 듯하니, 이것으로나마 위로가 되는지……

아! 내일은 당신의 두 번째 기일이오. 지난번 장례를 치르며 소

상 때 가서 글을 지어 슬픈 심정을 대략 말하려고 했소. 그런데 장
례 때는 어찌할 겨를이 없었고, 소상 때는 병이 들어 짓지 못한 채
어느덧 지금까지 왔구려. 이제 궤연을 치우려고 하는데 끝내 아무
말도 못한다면 당신이나 나나 무궁한 한을 품게 될 것 같아, 당신을
위해 한두 마디 적어 본다오. 말은 여기서 끝나지만 정은 끝이 없으
니, 영혼이 어둡지 않다면 부디 내 심정을 헤아려주구려.

 조덕린(趙德隣, 1658~1737)

자는 택인(宅仁). 호는 옥천(玉川), 창주(滄洲). 본관은 한양(漢陽)이며,
권두경(權斗經), 이재(李栽) 등과 교유했다. 동부승지 등을 지냈으며, 노론
의 탄핵으로 제주도로 귀양 가던 중 강진에서 죽었다. 이 글의 원 제목은 제
망실공인권씨문(祭亡室恭人權氏文)으로, 문집 『옥천집(玉川集)』에 실려
있다.

웃은 일은 다 당신 덕분이었소

채제공

정미년(1787, 정조 11) 12월 22일(을묘)은 아내 정경부인 안동 권씨가 땅에 묻히는 날입니다. 영구가 살던 집을 떠나 멀리 묘지로 향해 간 건 19일(임자)이었으나, 남편 평강 채씨 제공은 공경히 나라의 경사를 기다리느라 한양에서 한 발자국도 떠날 수 없어 입관할 때 영결사 한 마디도 할 수 없는 형편입니다. 그래서 상여가 출발하기 전에 병든 가운데 정신을 가다듬어 간신히 몇 줄의 글을 지어 조카 이유경(李儒慶)에게 조제(祖祭)를 올리는 저녁에 고하도록 합니다.

오호통재라! 부부간의 관계는 오륜에도 있을 만큼 중요한 것이오. 사는 동안 금슬을 연주하듯 사이가 좋으면 살아서처럼 죽은 뒤에도 오래 함께할 수 없는 것을 애통해 하는 것이 인지상정이니, 어찌 나만 그렇지 않겠소. 그런데도 내가 당신 죽음에 대해 하고 싶은 말은 축하한다는 것이지, 슬퍼한다는 것이 아니라오. 하지만 그것이 어찌 내가 정말 죽는 것이 슬픈 줄을 몰라서 그러는 거겠소? 장자가 부인을 잃고 노래한 심정도 실은 너무 서글펐기 때문이라오.

아! 사람은 누구나 이 세상을 살며 부귀영달을 바란다오. 당신이 내게 시집온 지도 이제 35년이 되었소. 내가 성상의 은혜를 입어 지방 수령이 된 것이 두 번이고, 절도사가 된 것이 네 번이었으니■ 화려한 장식을 한 수레를 타고 임지로 간 것은 아녀자로선 최고의 영광이라 하겠소. 처음에는 이천 부사가 된 나를 따라 도호부(都護府)에 갔다가 얼마 안 가 경기도 관찰사로 안찰영(按察營)에 갔고, 또 얼마 안 가 개성 유수, 함경도 관찰사로 나가게 되었소. 평양 관부(官府)로 말하자면 크고 풍요로운 고을이라 일컬어지는 곳으로, 우리는 임기를 마칠 때까지 녹봉을 풍족하게 받았소. 성대한 행차라도 하게 되면 호위하는 자들의 발소리가 우레와 같고, 말 타고 수행하는 이들의 소리가 요란하게 울리고, 사람들이 구름처럼 모여들었소. 그래서 내가 늘 마음속으로 '하늘이 덕 있는 사람을 돕는 것이 이러하구나'라고 생각했소.

결국 삼가 분부를 받아 정경부인에 봉해졌으니, 이는 여자로서 받을 수 있는 최고의 작질(爵秩)로 이보다 더한 부귀영달은 없을 듯하오. 그러니 이것으로 축하해서 안 될 게 뭐가 있겠소.

아! 당신의 나이 이제 겨우 쉰넷이고, 내 나이 이제 예순여덟이니, 내가 먼저 죽고 당신이 나중에 죽는 것이 옳은 이치라오. 내가 재작년에 명덕산장(明德山莊)에 있을 때 이질을 심하게 앓았는데,

■『번암집』연보에는 아내 권씨가 죽은 1787년까지 이천 부사, 개성 유수, 안악 군수, 삼수 부사, 강화 유수 등 다섯 번의 지방관을 지내고, 함경도 관찰사와 평안도 관찰사를 지낸 것으로 되어 있다.

의원이 물러나자 당신은 죽을 결심을 하고 주위 사람들에게 조용히 말하기를, "노모가 살아 계신 게 마음에 걸리긴 하지만 죽을 자리에서 죽는 것이니, 무얼 망설이겠는가"라고 하였는데, 다행히 신령의 도움으로 병이 나았소. 아! 그때 만약 내가 죽어 당신도 죽었다면 삼종지도의 절의가 여인들의 역사에 빛날 수는 있었겠지만, 온 집안이 얼마나 처참한 지경에 이르렀겠소.

당신이 병들었을 때 정성을 다해 약재를 다룬 것도 나고, 당신이 죽자 진심을 다해 염한 것도 나고, 장지로 갈 때 통곡하며 상여를 떠나보내는 것도 나니, 당신 입장에서 보면 영광스러운 일일 거요. 오랜 세월 동안 이 세상 부녀자로서 이런 영화를 누린 이가 얼마 없을 테니, 이것으로 축하해서 안 될 게 뭐가 있겠소.

아! 죽산의 율현 지역은 하늘이 내게 주신 곳인 듯하여, 내가 죽으면 왼쪽 기슭에 묻힐 생각이라고 당신에게 자주 이야기하여 당신도 잘 알고 있고, 영결할 때에도 이런 말을 했었소. 그런데 불행히도 지관이 꺼리니, 우선 근처 기슭에 임시로 묻으려 하오. 내후년 봄이 되면 위로 약간 옮겨 무덤을 만들고, 그 오른쪽은 비워 훗날 내가 묻힐 곳으로 삼으려 하오. 당신이 지하에서 기다릴 것을 생각하니, 남편이 잠시 행역 나간 사이 홀로 집에 남아 청소하고 미리 방을 덥혀놓고 돌아오기를 기다리는 것만 같소. 이렇게 말하고 보니, 이승에서 잠깐 이별하는 것은 눈 깜짝할 사이에 지나지 않고, 저승에서 함께할 날은 무궁할 것이오. 그러니 이것으로 축하해서 안 될 게 뭐가 있겠소.

축하하는 것과 슬퍼하는 것은 상반되는 감정인데, 실컷 축하해 놓고 이내 슬퍼지니 내가 어찌 이상한 줄 모르겠소. 그렇긴 하지만 내가 슬퍼하는 것은 고금의 사람들이 인정에 맞지 않게 구구하게 죽은 사람을 슬퍼하느라 끝내 맺힌 마음을 풀지 못하는 것과는 다르오.

아! 나는 여인들의 일을 기록한 역사서를 많이 보았고, 규문(閨門)의 아름다운 행실을 기록한 것들도 많이 보았지만 어질고 현명한 당신과 견줄 만한 것은 보지 못했소. 당신은 우리 집에 시집온 뒤로 부모님을 지성으로 섬겼소. 작은 일 하나라도 혹 시부모의 마음에 들지 않을까 염려하여 낮이나 밤이나 기색을 살폈고, 행동은 법도에 맞게 하였소. 그러자 부모님도 늘 "우리 며느리가 참 어질다"고 하셨소.

내게 잘못이 있으면 부드러운 말로 바로잡아주고, 잘한 일이 있으면 기뻐하며 도와주었고, 잠자리에서 그냥 주고받는 이야기도 바르지 않은 것이 없었소. 제사를 받드는 일에 각별히 정성을 다해 미리 제수를 마련하여 내가 신경 쓰지 않아도 되게 하였고, 제사를 지낼 때는 음식을 정갈하게 차려내어 정성스럽지 않은 것이 없었소. 그래서 나도 늘 속으로 당신이 참 어질다며 감탄하였소.

이씨 집안으로 시집간 막내 동생 부부는 어린 자식을 다섯이나 남기고 둘 다 일찍 죽었소. 당신은 어머니가 돌아가신 뒤로 어머니의 마음을 헤아려 손발이 다 닳도록 그 아이들을 친자식처럼 사랑하고 보살펴주었소. 시집·장가도 제때 보내 모두 자리잡게 하여,

윤덕희(1685~1766), 〈독서하는 여인〉, 18세기, 비단에 담채, 20.0×14.3cm, 서울대학교박물관

고아가 된 조카들이 부모 잃은 한을 잊을 수 있게 해주었소. 그러자 친척들은 모두들 당신이 참 어진 부인이라고 했다오.

내게 두 명의 첩이 있었는데, 당신은 그들을 가까이하고 아껴 아무도 불만이 없었소. 두 사람이 아들을 하나씩 낳았을 때도 당신은 희색이 만면하여 "이 아이들은 당신 피붙이니, 내가 낳은 것과 무엇이 다르겠어요"라고 하며 품에 안고 돌봐주었소. 그러다 한 아이가 여덟 살에 죽자, 애통해 하며 두 눈에 눈물 마를 날이 없었소. 이 때문에 병이 더해 마침내 손쓸 수 없게 된 거라오. 지나치게 슬퍼한 면이 없지는 않지만, 당신의 어진 성품이 남다르지 않다면 어찌 이렇게 할 수 있겠소. 또 친척과 부리는 종들에게까지도 은혜가 미쳤으니, 나 한 사람만 이렇게 말하는 게 아니라 모든 사람들이 칭송하고 있소. 첩들과 종들도 모두 "우리 주인마님은 어질다"라고 했고, 친척들도 모두 "미동 부인은 어질다"라고 했는데, 미동은 우리가 사는 동네 이름이었소.

아! 내가 곧이곧대로 행동하다 소인배들에게 미움을 사서, 근래 몇 년 동안 참혹한 화를 당했소. 세상 살 맛이라곤 전혀 없었으나, 집에 들어와 당신을 보면 의연하여 경외할 만한 벗이라 생각했소. 문제가 있으면 속내를 터놓고 의논했으니, 살면서 입 벌리고 웃은 일이라곤 다 당신으로 인한 거였소. 그러니 어찌 귀신이 꺼리는 것이 사람들의 시기보다도 지나쳐 이런 즐거움까지 빼앗아갈 줄 생각이나 했겠소.

앞서 축하한 것은 축하할 일이 당신에게 있는 것이고, 뒤에 슬퍼한 것은 슬퍼할 일이 내게 있는 것이오. 하지만 축하할 일이든 슬퍼할 일이든 모두 뜬구름 같은 세상사여서, 나중에 서로 만나게 되면 축하도 슬픔도 모두 물거품이 되고 말 것이니, 말해 무엇하겠소.

아! 무덤 왼쪽 기슭 백 보쯤 되는 곳에 홍신이의 무덤이 있소. 홍신이는 첩의 소생으로 당신은 이 아이가 요절한 것을 애통해 하다 병이 심해졌소. 이제 당신이 그곳에 가면 평소와 다름없이 홍신이가 반길 거고, 당신도 그 아이를 보듬어 안을 거요. 만약 그 애를 데리고 우리 부모님이 계신 남산 유택에 찾아뵙고 절할 수 있다면 얼마나 화기애애하고 즐겁겠소. 당신은 혹여 늙은 나를 돌아보며 연연하지 말고 편한 마음으로 길을 떠나구려. 말이 제대로 글을 이루지 못하고, 곡을 해도 소리가 나오지 않는구려. 한 잔 술을 올리니 흠향하기 바라오. 상향.

🌸 채제공(蔡濟恭, 1720~1799)

자는 백규(伯規). 호는 번암(樊巖). 본관은 평강(平康)이며, 시호는 문숙(文肅)이다. 오광운(吳光運), 채팽윤(蔡彭胤)에게 수학했고, 정범조(丁範祖), 이헌경(李獻慶) 등과 교유했다. 3정승을 두루 지냈으며 정조의 탕평책을 추진한 핵심 인물로 영조와 정조, 두 임금의 깊은 신임을 얻었다. 이 글의 원 제목은 제망실정경부인권씨문(祭亡室貞敬夫人權氏文)으로, 문집 『번암집(樊巖集)』에 실려 있다.

죽어서 돌아갈 곳조차 없으니

박준원

계묘년(1783, 정조 7) 8월 29일에 죽은 아내 원주 원씨를 여주의 우사(寓舍)에서 초혼하였는데, 18일이 지난 오늘까지 남편이 한마디 슬픔을 고하지 않는다면 말이 되겠소?

당신이 임종하던 날 아무 말도 하지 않는 것이 이상해 물으니 당신은 "숨넘어가는 마당에 무슨 말을 하겠어요?"라고 하였소. 나도 당신의 죽음이 말할 수 없이 애통하고 슬프니, 저승에 가 있는 당신과 이승의 나 사이에 '무언(無言)'이란 두 자로 끝내도 안 될 건 없을 거요. 하지만 평소 나는 당신에게 이야기하지 않는 일이 없었소. 그런데 당신의 장지를 구하지 못해 고민하느라 밤잠을 못 이루며 어쩔 줄 몰라 하는 지금, 당신과 의논하지 않는다면 당신을 아무것도 모른다고 치부해버리는 것이니, 차마 그렇게는 못 하겠소. 게다가 당신이 이곳 여주에서 죽은 것도 너무 한이 맺혀 당신에게 따져 물어야 하니, 어떻게 말하지 않을 수 있겠소. 그래서 9월 17일(을사)에 대략 글을 지어 곡하오.

아! 당신과 여주에 와서 산 것이 어찌 작은 농사나 지으려고 그런 것이겠으며, 조용히 숨어 지내려고 그런 것이었겠소. 나는 본래 여주에 농사지을 만한 메마른 밭뙈기 하나 없었으니, 애당초 농사를 지으려고 온 게 아니었소. 또 내가 머리가 세도록 이뤄놓은 것은 없어도 한때나마 출세할 생각을 했고 당신도 기꺼이 내조했으니, 숨어 지내려 했던 것도 아니오. 그런데도 태어나고 자란, 친척들이 살고 있는 한양을 버리고 뚝 떨어진 이곳에 더부살이하게 된 것은 어째서겠소?

사람이 태어난 집에 다시 가서 사는 것은 불길하다는 말이 있어, 당신이 태어난 이 집으로 다시 내려올 때 걱정하는 사람이 많았소. 그러나 당신은 평소 푸닥거리나 점 보는 것을 좋아하지 않아, 세속의 금기를 일절 달갑게 여기지 않았소. 아녀자인 당신이 이러하니 장부인 내가 어찌 이리로 오는 것을 막을 수 있었겠소. 그러나 여주에서 산 뒤로 당신이 아프기만 하면 문득 내 마음이 불안해졌소. 하루는 당신이 내게 "지난 밤 꿈에 대오리 삿갓 다섯 개가 지붕 처마에 걸려 있고, 어떤 남자가 대청 위를 혼자 거닐고 있는 걸 보았어요"라고 했소. 그 말을 듣고 깜짝 놀라며 당신이 이 집에서 운명하리란 걸 직감했지만, 곧바로 '만약 당신이 아들 다섯을 두어 그 아이들이 모두 장성하여 상관(喪冠)을 쓸 정도면 이미 늦었을 테니, 장수하리란 걸 보여주는 길몽이겠구나'라고 좋은 쪽으로 해석했소. 그러니 당신이 종화를 낳아 다섯을 채우자마자 갑자기 세상을 떠나 나 혼자 방 안을 서성이게 될 줄은 생각지도 못했다오.

아! 슬프구려. 장모 윤 부인에게 자식이라곤 당신 하나뿐이라,

하루도 장모 곁을 떠나 있을 수 없는 형편이었소. 그래서 기해년 (1779) 봄에 장모가 살고 계신 이곳 여주로 이사와 눌러 살게 된 것이었소.

패현(牌峴)과 집이 1리도 안 될 만큼 가까워, 장인 유안당(遺安堂)께서 묻혀 계신 산소의 비석이 서편 들창으로 희미하게 보일 정도였소. 그러다 보니 당신이 아침저녁으로 돌보고 사시사철 때맞춰 손수 제사를 준비해 올릴 수 있었소. 집 안에서는 장모를 곁에서 모실 수 있었고, 집 밖으로는 장인의 묘가 바라보여 예전처럼 살아 계신 부모님을 뵈러 온 기분이었다오. 이런 이유로 당신을 위해 잘된 일이라 여기고, 나도 그런대로 편안히 지냈소. 그런데 뜻밖에 재작년에 장모에게 일이 생겨 한양으로 가시고, 당신과 나만 여기에 남게 되었소.

내가 당신에게 "여주는 사대부의 고장으로 모두가 인척 아니면 붕우요. 게다가 자연 경관도 아름답고 분위기도 점잖아 아이들을 키우는 데는 다른 고장에 비할 바가 아니오. 또 무슨 어려운 일이 생기더라도 아무개는 의리를 알고, 아무개는 진실하여 모두 의지할 만하니, 그대로 사는 것이 좋지 않겠소?" 하고 물으니 당신도 그러자고 했소. 그래서 밭을 빌려 보리를 심고, 여종에게 면화를 따게 하며 이곳에서 터전을 잡고 살아 볼 방도를 세웠소.

집이 너무 오래되어 여기저기 허물어져 장인이 기거하시던 '유안당(遺安堂)'이라 편액한 외당(外堂)은 거의 폐허가 되다시피 했소. 당신이 차마 보지 못하기에 마침 올 여름 보리 수확도 여유가 있고 해서 고쳐 짓기로 했소. 기울어진 안채의 동자기둥과 부러진 서까래도 차례로 수리하고, 거칠던 채마밭을 일구고 무너진 울타리를 다시 세웠소. 내가 남들에게 동쪽 담장을 가리키며 '아내의 성'이라고 우스갯소리를 하곤 했는데, 그 말은 당신이 직접 감독했다는 의미였소. 당신의 마음고생이 무척 심했는데, 이제 그런 당신은 죽고 없구려. 당신이 10년만 더 살았다면 살림도 자리가 잡혔을 테니, 시골에 사는 게 싫을 이유가 뭐 있겠소. 그런데 순전히 내가 박복한 탓에 당신이 중도에 갑자기 세상을 떴으니, 이제 와서 누구를 탓하겠소. 세속의 말을 믿고 애초에 여주에 오지 않았다면, 당신이 죽지 않을 수도 있었던 거요? 아니면 본래부터 정해진 운명이 있어 피할 수 없었던 거요? 그렇다면 나의 한 맺힌 마음이 풀리지 않는 것도 잘못된 거요?

아! 객지에서 변을 당해 초상 치를 일이 막막했는데, 다행히 장모가 의복을 미리 마련해 보내주셨소. 나머지 여러 물품도 당신의 영향력 있는 친척들이 많이 도와주어 기한을 넘기지 않고 마련할 수 있었소. 가난한 나그네 신세인 내가 당신 죽음에 이런 도움을 받았으니, 무슨 서운함이 있겠소. 다만 반함하고 염하는 날 저녁에 들어와 볼 사람이 아무도 없는데, 내가 병을 구완하며 피로가 쌓인 터라 정신이 없어 실수를 면치 못한 것이 몹시도 한스럽구려. 이 점에 대해 당신은 나를 이해해주고 꾸짖지 않을는지…….

오호통재라! 당신이 임종하기 전날 당신 재종 아우 원과여(元果汝) 군이 왔는데, 당신이 갑자기 그를 부르더니, "시댁 선영에는 묏자리가 없을 테니, 내가 죽거든 나를 우리 아버지 산소 밑에다 묻어다오"라고 하였소. 내가 옆에 있다가 성난 눈으로 당신을 똑바로 쳐다보며, "나는 반드시 돌아가신 아버지 산소 가까이에 묻히고 싶소. 훗날 우리가 따로 묻힌다면 얼마나 슬프겠소"라고 하자, 당신은 놀란 얼굴로 더 이상 아무 말도 하지 않았소. 아! 내가 죽은 뒤에 묻힐 강 건너 서쪽까지는 배로 하루면 당신을 옮겨와 합장할 수 있으니, 따로 묻혀 슬퍼할 일은 없을 거요. 그런데도 이런 말을 한 것은 친정 쪽에서 허락하지 않아 당신 소망을 저버릴까 염려해서였소.

그렇게 말하긴 했지만 지금 일 돌아가는 것을 보니, 새로 묏자리를 잡기 어려운 형편이오. 또 내가 어디서 떠돌게 될지 몰라, 여기서 10여 리 떨어진 곳이라 해도 훗날 주인 없는 무덤이 될까봐 차라리 패현 기슭에 임시로 묻을 작정이오. 그렇게 하면 돌볼 길이 마련되어, 외따로 떨어져 있는 걸 염려하지 않아도 될 것 같소. 이런 이유로 장모에게 편지를 보내 간절한 마음을 전달한 것이지, 꼭 당신 유언 때문에 그런 것만은 아니었소. 너무도 슬픈 심정으로 한 일인데, 사람들의 반대에 부딪혀 그마저도 제대로 안 되고 있으니 이어찌 장모의 뜻이겠소. 당신은 장인의 한 점 혈육인데도 죽어서 돌아갈 곳이 없으니, 저 사람들의 반대가 과연 천리에 합당하다 하겠소, 인정에 합당하다 하겠소. 장인의 영혼이 지하에서 불쌍히 여길 것이고, 당신의 영혼도 슬퍼하며 한을 품을 거요.

여주 근처를 다 뒤져 이곳 말고 다른 곳으로 주인 없는 빈 땅을 구하기만 하면 기한을 넘기지 않고 임시로 묻었다가, 내년 봄에 선영 기슭에 옮겨 묻는 수밖에 다른 방도가 없구려.

　아, 슬프오. 할 말이 어디 이것밖에 없겠소마는 정신이 없어 글도 제대로 지어지지 않는구려. 산처럼 쌓인 회포는 훗날 다 풀어낼 것이니, 서운하다 하지 말고 우선 이 잔부터 받구려. 상향.

🌸 박준원(朴準源, 1739~1807)

자는 평숙(平叔). 호는 금석(錦石). 본관은 반남(潘南)이며, 시호는 충헌(忠獻)이다. 김양행(金亮行)의 문인으로, 순조의 외조부다. 공조참판, 형조판서를 거쳐 영의정에 추증되었다. 이 글의 원 제목은 제망실문(祭亡室文)으로, 문집『금석집(錦石集)』에 실려 있다.

살아남은 자의 슬픔

추울까 옷 한 벌 지어 보내오

부부란 하늘과 땅이 자리를 잡고부터 있어왔기에 오륜의 으뜸이라오. 또한 생명의 시초이고 만복의 근원이니 인류의 극치라 하겠소.

내 나이 스물, 당신 나이 스물넷이던 계축년(1553)에 하늘이 우리를 배필로 정해주었소. 당신의 온순한 용모와 아름다운 덕성은 한 집안을 화목하게 하기에 모자람이 없었고, 당신은 부인으로서의 법도도 잃지 않았소. 30년 결혼 생활 동안, 거친 음성과 투기하는 소리 한 번 내 귀에 들리지 않았구려.

나는 장남이고 당신은 무남독녀이기에 아들딸 낳아 후사를 잇고 싶었는데, 나이 오십이 다 되어 귀밑머리가 세도록 자식을 보지 못했으니, 사람 사는 일이 참으로 가련하구려. 생각해 보면, 하늘의 이치는 생명을 끊임없이 탄생시키는 데 있는 것 같소. 나무는 꽃 피고 열매 맺으며, 풀에는 뿌리가 있소. 물고기도 뱃속에 알을 가득 품고 있고, 메뚜기는 한번에 새끼를 90마리나 낳는데, 하늘은 어찌하여 우리에게만 은혜를 베풀지 않고 인색하신지……. 자손을 못 둔 데 대한 한탄이야 나나 당신이나 무슨 차이가 있겠소.

전 김홍도, 《평생도》 중 〈초도호연(初度弧筵)〉, 비단에 채색, 53.9×35.2cm, 국립중앙박물관

아! 속담에 '자식 없는 자는 오래 산다'고 하기에 해로하자던 약속이 지켜질 줄 알았는데, 어찌하여 한번 병에 걸리더니 훌쩍 떠나버린단 말이오. 쉰을 넘겼으니 요절이라 할 순 없지만 집에는 팔순을 바라보는 노모가 계신데, 어찌하여 나를 까맣게 잊은 듯 버리고 먼저 갔단 말이오. 어머니께 아침저녁으로 맛난 음식은 누가 올리며, 돌아가신 뒤 장례는 누가 치르겠소. 이런 생각을 하니, 슬퍼서 눈물이 샘솟듯 하는구려. 쓸모없는 나무와 돌은 오래도록 남아 있고 사람도 이렇게 많은데, 어찌하여 당신만 이런 벌을 받는단 말이오.

동생에게 아들이 둘 있어 하나를 데려다 양자로 삼았는데, 당신은 자기 뱃속으로 낳은 자식처럼 사랑하며 길러주었소. 이제 그 아이도 열두 살이 되어 글을 읽을 줄 안다오. 그 아이에게 상복을 입혀 영궤를 받들게 하였으니, 적막하다 하지 말구려. 아들 없는 몸이 아들을 두게 되었으니, 그 아이가 자라 자손을 두면 당신을 위해 향불을 올리고 후손을 이어줄 것이오.

아! 저기 보이는 용문산은 선친의 무덤이 있는 곳으로 당신 무덤도 그 옆에 잡았소. 깊은 산속이라 소나무가 울창하니, 당신은 아버님을 편안히 모시도록 하구려. 친정의 선영*과 멀리 떨어져 있다 해서 너무 서운해 하지는 마시오. 삼종지도는 이승과 저승이 다르지 않은 법이라오. 상주와 예천 사이의 거리가 멀지 않으니, 물이 땅 속 어디서나 흐르듯 혼령도 어디든 오갈 수 있을 거요. 추울까봐

■ 문집 원주에 따르면 장인의 장지는 상주의 산천동(山川洞)에 있다고 한다.

옷 한 벌 지어 보내오. 친정어머니께서 손수 바느질하시느라 옷깃에 눈물이 젖어 있을 테니, 천 년 만 년 입어도 싫증내지 말구려.

아! 사람이 죽고 사는 건 낮이 가면 밤이 오고 시작이 있으면 끝이 있는 것과 같아, 오래 살고 일찍 죽는 차이는 있어도 죽기는 마찬가지라오. 상여는 다 준비되었는데, 저승길은 멀고도 험하구려. 해로가 해로薤露는 악부樂府 〈상화곡(相和曲)〉의 이름으로, 만가挽歌다 소리에 통곡하며 할 말을 잊소.

🌸 권문해(權文海, 1534~1591)

자는 호원(灝元), 호는 초간(草澗). 본관은 예천(醴泉)이다. 퇴계 이황의 문인이며 유성룡, 김성일 등과 친교가 있었다. 좌부승지, 관찰사 등을 지냈다. 이 글의 원 제목은 제망실숙인곽씨문(祭亡室淑人郭氏文)으로, 문집 『초간집(草澗集)』에 실려 있다.

백옥은 빛을 잃고 붉은 난은 향기를 잃어

고용후[■]

아! 당신과 부부가 되어 금슬 좋게 지내는 사이, 다른 부부보다 백
배는 더 정이 깊어졌다오. 당신 손을 잡고 해로하기를 바라며 '이
맹서를 저버리지 말자' 해놓고, 당신은 어찌하여 영영 가버린 거요.
단아하고 총명하던 당신이 관 속으로 들어가 이제 다시 볼 수 없게
되었으니, 간장이 찢어지는 듯하구려. 당신이 나를 저버린 거요, 아
니면 내가 당신을 저버린 거요?

　당신의 부드러운 목소리가 아직도 귀에 쟁쟁하고, 아리따운 모
습이 아직도 눈에 삼삼한데, 들으려 해도 들리지 않고 보려 해도 보
이지 않는구려. 마음이 쓸쓸하여 꿈속에서라도 그리는 마음 간절하
다오. 시렁 위에 걸린 옷에는 당신의 체취가 아직도 남아 있으니,
배우자를 잃은 슬픔은 당신이 더 하겠소, 내가 더 하겠소. 자식이라
도 하나 있다면 내 슬픔이 조금은 덜하련만, 돌도 안 지난 두 딸을
모두 잃고는 당신마저 나를 버리고 가버렸으니, 어떻게 이보다 더

[■] 앞 장 제문의 행주 기씨는 두 번째 부인이고, 이 제문의 청해 이씨는 첫 번째 부인이다.

슬프고 참담할 수 있겠소.

　몇 년 전부터 당신은 "제가 죽으면 당신은 분명 저를 잊으시겠지요?"라고 자주 물었소. 그때 내가 안색을 바꾸며 "어째서 그런 말을 하오? 난리 때문에 고생스럽고 세상사가 위태롭기는 해도, 다행히 출세하여 성상을 섬길 수 있게 되었으니 아버님과 형님이 쌓은 공적을 어떻게 무너뜨릴 수 있겠소. 선인들처럼 재상들과 함께 나라를 위해 일하다가 같은 날 죽는 것, 이것이 바로 내 뜻이오"라고 하였소. 당신은 이 말을 듣고 도리어 내게 뭐라 하며 "방금 한 말은 농담인데요, 뭘……"이라고 했소. 아, 그때는 잠자리에서 그냥 우스갯소리로 한 말로만 여겼는데, 그 말이 천추의 한이 될 줄 누가 알았겠소.

　깊은 밤 찬바람에 안방 휘장은 썰렁한데 눈앞에는 명정(銘旌, 붉은 천에 흰 글씨로, 죽은 사람의 관직이나 성명을 적은 조기)이 있고, 창문에는 갈대발이 드리워져 있구려. 백옥은 빛을 잃고 붉은 난은 향기를 잃었소.▪ 비는 추적추적 내리고, 등불은 가물거리는구려. 황하는 메울 수 있다 해도 나의 이 한은 끝이 없을 거요.

　아, 외로운 나에겐 오로지 당신 한 사람뿐인데, 천리 먼 길 떠나온 나그네 신세에다 당신마저 관에 누워 있으니, 나는 이제 누구를 의지해 산단 말이오. 고향을 멀리 떠나 어머니도 뵙지 못한다오. 삶

▪ 백옥과 붉은 난은 모두 현자賢者를 비유한 말이다. 여기서는 어진 아내가 죽은 것을 두고 한 말이다.

과 죽음을 생각하니 마음이 찢어지는 듯하구려.

전에 당신과 나란히 앉아 웃으며 이야기할 때, 갑자기 당신이 나를 보며 빙그레 웃더니 "저는 하늘나라 사람이니, 당신보다 먼저 죽어 당신을 끝까지 돌봐드릴게요"라고 한 말이 기억나는구려. 그때는 그냥 흘려듣고 꺼림칙하게 여기지 않았소. 아! 당신은 이런 날이 올 줄 어찌 알고 그런 말을 했단 말이오. 귀신은 말이 없으니, 부질없이 눈물만 훔칠 밖에……

고용후(高用厚, 1577~1652)

앞 장 참조. 이 글의 원 제목은 제망처청해이씨문(祭亡妻靑海李氏文)으로, 문집 『청사집(晴沙集)』에 실려 있다.

30년은 한바탕 꿈처럼 빠르게 지나가고

이만부

오호통재라! 당신과 부부로 30년을 함께했고, 이제 당신이 유명을 달리한 지 3개월이 지났소. 하지만 돌이켜 생각해 보면 30년은 한바탕 꿈처럼 빠르게 지나갔고, 3개월은 천 년처럼 아득하니, 내 심기가 정상일 리 있겠소. 어떻게 이럴 수가 있단 말이오? 30년 동안 당신과 함께 겪어온 일들이 차례로 펼쳐지면서 세세한 기억까지 다 내 마음속에 쌓여 마디마디 슬픔을 자아내는구려. 이 몸이 죽지 않는 한 이 슬픔도 길이 남을 테니, 나는 이제 어찌해야 하겠소.

당신은 품성이 반듯하고 깔끔하며 효성스럽고 너그러웠소. 그런 성품으로 우리 부모님을 섬겨 사랑을 받았고, 그런 성품으로 우리 형제들과 우애롭게 지내 기쁘게 해주었소. 또 그런 성품으로 못난 나를 이끌어주어 내 모자란 점을 보완해주었다오. 거친 음식조차 배불리 먹지 못하면서도 내게는 때맞춰 밥을 먹여주었고, 제대로 된 옷 한 벌 없으면서도 내게는 철따라 옷을 마련해주었소. 나를 보살피느라 고질병이 들었어도 다시 몸을 추슬러 내 뜻을 따라주었고 곤궁한 형편에도 불만이 없었으니, 아내된 도리를 이보다 더 잘

할 수는 없소.

어진 아내인 당신은 내가 못난 탓에 일생을 가난하게 사느라 추위에 떨고 굶주렸으며, 고생하고 근심하느라 하루도 몸을 펴고 하고 싶은 대로 한 적이 없었소. 결국 내 성의도 부족하고 재앙도 깊어, 병이 들어도 손 한번 써보지 못하고 한을 품은 채 가버렸으니, 당신이 나를 저버린 게 아니라 내가 실로 당신을 저버렸구려. 그러니 어찌 슬프지 않겠소. 부끄러운 마음 역시 크기만 하다오. 애통하고 애통하구려. 모든 게 끝났구려. 당신의 미덕이 그립고 당신의 성정이 가상하기만 한데……

당신이나 나나 부모님을 여읜 고단한 신세로 달리 기댈 곳도 없어 부부간에 서로 의지하고 산 것이 근 30년이었소. 아녀자들은 일반적으로 빈천을 싫어하고 부귀를 부러워하는데, 당신은 '대장부가 종신토록 추구하는 것은 천지에 부끄럽지 않게 염치를 알고 처신하는 것이니, 이것이 자신을 욕되게 하지 않는 것이다. 의롭지 못한 부귀영화야 뭐 대단하랴. 전부터 여자들이 예쁘게 보이려 꾸미고 투기하는 것이 부끄러운 행동이라고 여겨왔다. 남편이 본받을 만한 데다 분수를 편안히 받아들이고 사리도 밝으니, 이를 존중해야 한다'고 생각했소. 당신이 말하지 않아도 나는 당신이 간직한 뜻을 알고 있었고, 내가 말하지 않아도 당신 역시 내 마음을 짐작했을 거요. 그러나 당신은 겸손해서 남들에게 내세우려 하지 않았기에 일가친척도 당신의 마음가짐과 덕성에 대해 깊이 알지 못했다오.

당신이 전처 김씨의 제사를 받들고 그녀의 어머니 윤씨를 모신 것과 첩들을 보살펴준 것으로 말하자면, 옛사람이 일컫던 '어진 아내의 행실'이라는 것도 그보다 더하지는 않을 듯하오. 이것이 그저 무턱대고 사랑하는 다른 부부들과는 달리 부부간의 의리와 정이 더욱 두터워지고 깊어질 수 있었던 이유라오. 애통하고 애통하오! 모든 게 끝났구려.

당신의 행실은 천지 귀신에게 물어봐도 보답 받아야 마땅하다 할 텐데, 내가 신명을 저버린 탓에 10여 년 동안 요절한 자식을 곡하느라 눈물이 마르지 않았고, 딸아이 하나마저 미망인이 되었소. 내가 집에 들어가 과부가 된 자식을 볼 때마다 측은해 하지 않은 적이 없었는데, 하물며 당신이 늘상 그 아이와 지내며 애간장이 타는 거야 더 말할 게 있겠소. 생각해 보면, 당신 수명이 줄어든 것도 이 때문이라고 하지 않을 수 없을 거요. 이런 생각을 하자니 가슴이 미어지고 오장이 찢어지는 듯하구려.

어린 딸아이가 사랑스럽고 영특하여, 아들 낳을 기대를 접고 난 뒤 양자를 데려와 며느리도 들였소. 후사를 잇는 도리를 다하게 되자, 우리 부부는 이를 전화위복으로 여기며 그렇게 노년을 보내려 했소. 그러니 당신이 감쪽같이 나를 속이고 허물 벗듯 한순간에 인연도 정도 다 내팽개쳐 이렇게 큰 슬픔을 안겨줄 줄 누가 알았겠소.

과부가 된 딸은 의지할 곳이 없어져 곡 소리가 하늘에 사무치고, 안 그래도 허약한 백이는 슬픔으로 몸을 가누기조차 힘들어 보인다오. 막 시집온 며늘애는 부끄러움이 채 가시기도 전에 꽃다운 자태가 시들어버렸고, 어린 딸아이는 아직 슬퍼할 줄도 모르면서 슬픔을 알기라도 하듯 혼자 서성댄다오. 이 모두가 온종일 내 슬픔을 부채질하는 것들이오. 내가 목석처럼 봐넘길 수가 없다 보니, 보지 않으려고 멀리 피하고 싶은 적이 한두 번이 아니었지만 그렇게 할 수도 없구려.

전에는 너무 슬퍼 참기 어려운 상황이 닥칠 때면 이치를 따져가며 이겨내었소. 그건 언제나 당신이 나보다 먼저 "어째서 옛사람이 경계하신 말씀을 유념하지 않습니까?"라고 했기에, 내가 당신의 영향을 받아 스스로 마음을 누그러뜨리며 생명을 온전히 보전해온 거라오. 그런데 지금은 더할 수 없이 비통한 적이 한두 번이 아닌데 나를 격려하는 말 한 마디 들을 수 없구려. 아! 이 세상에 살면서 다시 누구를 의지한단 말이오? 애통하고 애통하오. 모든 게 끝났구려.

당신은 평소 무명 치마 한 벌뿐이라 빠는 동안 갈아입을 것조차 없었소. 그래서 당신 관 속에 함께 넣을 물건들을 정신없이 빌리느라 구색이 맞지 않은 것이 많았소. 하지만 힘 닿는 대로 성심껏 하지 야 않았겠소. 당신 고향에 묻고 싶은 바람이야 나도 간절하지만, 일이 마음대로 되지 않는구려. 이제 식산 등성이에 자리를 잡아 당신의 유택으로 삼으려 하오. 상주는 당신 고향이고 식산은 내가 머무는 곳이니, 정리로 보아 그리 멀게 느껴지지는 않을 듯하오. 당신은 어떻게 생각하오? 내 마음을 토로하여 당신과 영결하고 싶은데, 붓을 잡고 종이를 대하니 억장이 막혀 한 자 한 자 써내려 갈 때마다 눈물이 흘러 글이 제대로 안 되는구려. 당신은 분명 못다 한 내 말들을 알고 있을 거요. 부디 이 자리를 돌아보고 멀리 가지 마시기를……

이만부(李萬敷, 1664~1732)

자는 중서(仲舒). 호는 식산(息山). 본관은 연안(延安)이다. 효성과 학행이
뛰어나 장릉참봉 등으로 천거되었으나 바로 사퇴하고 만년에는 역학에 전
념했다. 이 글의 원 제목은 제망실유씨문(祭亡室柳氏文)으로, 문집『식산
집(息山集)』에 실려 있다.

아련한 음성이 귀에 들리는 듯

박필주

계묘년(1723, 현종 3) 9월 4일(경진)은 아내 숙인 이씨가 죽은 뒤 처음으로 맞는 생일이라 친정에서 술과 음식을 마련했습니다. 이 날 아침 나는 병든 몸을 이끌고 강가에서 돌아와 제문을 지어 곡합니다.

아! 나는 부모를 여읜 데다 나이 오십이 되도록 자식도 없고 아내도 없구려. 그러다 보니 집에서는 우두커니 앉아만 있고, 밖에 나가면 갈 곳 몰라 우왕좌왕한다오. 병이 들어도 돌봐주는 사람 없고, 배가 고파도 밥상을 차려주는 사람이 없으니 무슨 재미가 있겠소. 그러나 지금까지 연명하며 기쁜 일이든 슬픈 일이든 맥없이 운명에 맡겨둔 채 그냥저냥 지내고 있소. 당신 주검을 나와는 상관없다는 듯 깊은 땅 속에 묻어둔 채 다시 돌아보지 않은 지도 오래되었구려.

아! 당신은 내게 시집온 뒤로 수십 년 동안 고생만 실컷 하고 단 하루도 미간을 펼 날이 없었는데, 초상을 치르고 제사를 지내는 지금에도 어느 것 하나 내 마음에 흡족한 것이 없구려. 이 모두가 내

윤덕희(1685~1766), 〈오누이〉, 비단에 담채, 20×14.3cm, 서울대학교박물관
다정한 오누이의 모습이 마치 어머니와 아들 사이 같다.

가 못나서 당신을 이 지경에 이르게 한 거라오. 아! 마음이 아파 더 무슨 말을 하겠소.

불행하게도 당신에게 자식이 없는 것은 다 내 운명이 몹시 기구해서요. 일생을 자식 없이 외롭게 살다가 늘그막에야 사촌 동생의 셋째 아이를 양자로 들였으니 얼마나 다행스러웠겠소. 아침부터 저녁까지 그 아이의 재롱을 보느라 온갖 근심을 다 잊고, 그 애가 자라 장가들면 의지할 작정만 하고 있었는데, 당신은 기다리지 않고 서둘러 떠나버렸구려. 앞으로 내가 얼마나 더 살지는 모르지만, 죽기 전에 그 아이가 자라 출세하는 것을 보게 된다 한들 누구와 그 기쁨을 함께하겠소.

당신의 병이 오래되어 손을 쓸 수 없게 되었는데도, 지난 겨울 강가에 가서 산 것은 이 아이를 생각해서였소. 그런데 내가 지병으로 편치 못하고, 아이도 다른 곳에 있다 보니 서로 만날 수가 없었소. 그래서 죽음을 무릅쓰고라도 만나 함께 시간을 보내며 모자간의 정을 맺게 해주리라 마음먹고 있었소. 그 처절한 심정은 귀신도 불쌍히 여길 일인데, 이마저 뜻대로 되지 않아 결국 몇 달도 지나지 않아 갑자기 이렇게 되고 말았소. 강가에서 돌아올 적에 당신이 아이를 껴안고 얼굴을 부비며 눈물을 줄줄 흘리던 게 기억나오. 내가 아무리 담벼락같이 꽉 막힌 사람이라 해도, 서로 연연하며 떨어지지 않으려 하는 모습을 보고 어찌 가슴이 무너지듯, 살이 에이듯 마음 아프지 않았겠소. 오호통재라! 어찌 차마 말로 하겠소. 어찌 차마 말로 하겠소.

당신이 죽은 뒤 더욱 곤궁해져 아이를 데리고 살 길이 막막하여 우선 아이를 본가에 맡겨두었소. 때때로 당신 친정에 오가며 며칠 씩 머물게 하는데, 처가에서 당신이 살아 있을 때와 다름없이 따뜻하게 대해주고 깊이 사랑해주니, 내 마음이 더욱 슬퍼지며 당신이 보지 못하는 것이 한스럽구려.

　　불행히도 당신이 먼저 세상을 떠나 상황이 달라졌으니, 이 아이가 내 후손이 되리라는 보장이 없는 게 염려스럽긴 하오. 하지만 제수가 대의에 밝고 사촌 동생도 인자하고 정이 많으니, 세상 떠난 사람에게 차마 식언을 하면서까지 마음을 바꾸지는 않을 거요. 나는 이를 믿는데, 당신도 저승에서 분명 이렇게 생각할 거요.

　　아! 당신이 죽자 모든 것이 물거품이 되었소. 내가 살아 있는 한, 당신 어머니를 모시고 당신 아우들과 우애 있게 지내는 것은 당신이 있으나 없으나 차이가 없을 거요. 하지만 가난과 병으로 죽게 되면 내 마음과 달리 앞일을 기약할 수 없다는 점이 두렵소. 당신이 죽은 지도 벌써 반 년이 지났는데, 아직 영결하는 말 한 마디 없었던 것은 내가 야박해서가 아니라오. 과장되게 글을 쓰는 나쁜 풍조에 염증을 느껴온 터라 욕하면서도 따라하고 싶지 않아 지금까지 입을 다물고 있었던 거요. 그러나 결국 참지 못하고 순식간에 써내려가 슬픔을 쏟아내고 보니, 말을 그만두기가 이렇게 어렵다는 걸 이제야 알겠구려.

　　아! 집에 들어가면 당신이 살아 있는 것만 같아 아련한 음성과 모습이 귀에 들리는 듯 눈에 보이는 듯하오. 더구나 지금 당신 생일을 맞아 더욱 슬퍼지고 맥이 빠져 마음을 가누기 어렵다 보니, 술 한 잔 올리는 전도 스스로 마련하지 못했소. 아! 가슴 아프오. 말은 여기서 그치지만 정은 끝이 없구려. 당신에게 영혼이 있다면 부디 내 마음을 알아주구려. 아! 슬프오.

🌸 박필주(朴弼周, 1680~1748)

자는 상보(尙甫), 호는 여호(黎湖), 죽헌(竹軒), 신문(晨門), 요계(蓼溪), 우대(雨臺). 시호는 문경(文敬)이며 본관은 반남(潘南)이다. 절에 들어가 독학하여 학명(學名)을 떨쳤다. 이조판서, 우찬성 등을 지냈으며, 노론의 준론(峻論)으로 이재(李縡), 김간(金幹) 등과 교유했다. 이 글의 원 제목은 제실인문(祭室人文)으로, 문집『여호집(黎湖集)』에 실려 있다.

치마를 다 만들기도 전에

내가 젊어서 백마강에 배를 띄우고 놀다가 병이 들어 강가 마을에 몸져눕게 되었소. 어머니께서는 당신에게 아버지를 모시게 하고 허둥지둥 달려오셔서 나를 간호하셨는데, 뜻밖에도 밤에 아버지가 계신 방에 불이 났소. 아버지의 병이 점점 심해지자 당신 혼자 눈물을 흘리며 탕약을 달여올렸소. 이것이 내가 아들이면서도 끝내 당신의 효성에 미치지 못한 점이오.

전에 친구 송문흠(宋文欽)과 고문사(古文詞)를 공부할 때, 나는 사마천과 한유의 문장에 푹 빠져 종종 한 달이 넘도록 머리를 빗지 않기도 하였소. 그러자 송공이 집에 와서는, 남편이 머리를 안 빗은 지가 오래되었으니 남편 머리를 빗겨주는 게 어떻겠느냐고 계집종을 시켜 당신에게 아뢰도록 하였소. 그러자 당신은 남편이 글공부에 집중하고 있어, 안사람이라 하여 머리를 빗겨드릴 수 없다 하였소.

부친상을 당했을 때, 상복을 벗고 1년이 지났는데도 당신과 잠자리를 함께하지 않자, 친구 오원이 내게 말하기를, "자네는 형제도

살아남은 자의 슬픔 · 189

없는데 자식까지 두지 않으면 황씨 집안의 대가 끊기네. 어째서 1년이 지나도록 잠자리를 갖지 않는가?"라고 하였소. 그런데 그 뒤 당신은 병에 걸리고 월경이 끊겨 평생 자식을 낳을 수 없게 되었소. 오공의 말을 생각할 때마다 두렵고 서글픈 마음으로 후회하고 슬퍼한다오.

내가 전염병에 걸려 성남에 있을 때, 생사를 물어오는 친척이나 손님이 하나도 없었소. 오직 친구 이천보(李天輔)만이 찾아와, 그와 문장을 논하며 하루 해가 가는 줄도 몰랐소. 그때 당신은 아궁이에 불을 지피고 어머니는 밤을 구워 이공을 대접했는데, 그 후로 이공이 남들과 이야기할 때면 꼭 어머니와 당신의 어짊을 칭찬하였소. 우리 집이 가난하여 어떤 때는 하루 한 끼도 밥상을 차리지 못했는데, 당신은 시집올 때 가져온 혼수를 팔아 식사를 마련해주었소. 그 후 내가 순천 군수가 되어, 월급을 타서 모두 당신에게 가져다주면 당신은 곧바로 궁핍한 이들을 돌보았는데, 매사를 의에 맞게 하고, 분에 넘치게 쓰지 않았소.

늙은 여종이 당신에게 "군수 녹봉을 받으면서 어째서 비단옷을 입지 않으십니까?"라고 묻자, 당신은 눈물을 흘리며 "내가 시집올 때 가지고 온 혼수를 팔아 지아비 밥상을 차린 시절이 있는데, 지금 군수 녹봉을 받는다고 하여 어찌 감히 비단옷을 입을 수 있겠는가?"라고 하였소.

지위가 높아졌는데도 당신은 여전히 거친 음식을 먹어 낡은 소반에는 멀건 국뿐이고, 생선 한 토막 없었다오. 내가 딱하게 여겨 당신에게 "내가 조정에서 관직을 얻었으니, 우리 부부가 그런대로 옷 해입고 맛난 음식 정도는 먹을 수 있을 텐데, 당신은 어째서 이렇게 스스로를 챙기지 않는 거요?"라고 하자, 당신은 "젊어서 빈천할 때를 생각해보면 지금 이만한 밥상도 감지덕지한데 호사스럽게 살아서야 되겠습니까?"라고 하였소.

　　내가 옷을 지어 입으라고 비단 한 묶음을 주자, 당신은 상자에 담아놓고는 내 옷만 짓다가 딱 한 번 당신 치마를 만들려고 하였소. 그런데 치마를 다 만들기도 전에 죽었으니, 이것이 내가 슬퍼하는 이유라오. 오호애재라! 상향.

🌸 황경원(黃景源, 1709~1787)

자는 대경(大卿). 호는 강한(江漢). 본관은 장수(長水)로 시호는 문경(文景)이다. 이재의 문인으로 이천보, 오원, 남유용(南有容) 등과 교유했다. 이조참판, 홍문관 대제학 등을 지냈다. 이 글의 원 제목은 우제망실정경부인심씨문(又祭亡室貞敬夫人沈氏文)으로, 문집 『강한집(江漢集)』에 실려 있다.

이인상

정축년(1757, 영조 33) 4월 정축일은 숙인 덕수 장씨의 영구가 유택으로 길이 떠나가는 날입니다. 그 5일 전 임신일에 남편 완산 이씨 인상은 삼가 조촐한 제수를 마련하고 짧은 글을 지어 영연(靈筵)에 곡하며 영결합니다.

아! 나는 기구한 팔자로 태어났기에 곤궁함을 운명으로 받아들였는데, 자질도 순수하지 못하여 도에서 멀어지기까지 했소. 그러나 당신이 집안에서 스승이자 벗이 되어 내 어리석음을 바로잡아주고 내 슬픔을 위로해주었소. 부드러운 낯빛과 후덕한 말로 내가 치욕을 면할 수 있도록 충고해준 고마움을 내 마음에 아로새겼다오.

아! 당신은 홀로 노고를 떠맡아, 집안 걱정을 하지 않게 해주었소. 굶주리는 가운데서도 책은 팔지 않아 내 우직함을 지켜주었고, 추울 때도 꽃나무는 때지 않아 내가 측은지심을 지닌 채 살아가게 해주었소.

간혹 산수를 유람하다 보면, 기분에 취해 글이 장황해지기도 했소. 집에 돌아와 지은 글을 읊을 때면 당신은 그때마다 따끔한 충고

凌壺李麟祥先生 眞

작자 미상, 〈이인상 초상〉, 종이에 담채, 94.7×46.1cm, 국립중앙박물관

를 해주었소. 그리하여 내 글이 미사여구로 늘어져 도학(道學)에
보탬이 되지 않는다는 걸 깨닫게 해주었다오. 남편과 아내가 서로
도리를 이야기하며 즐기는 것은 옛날에도 있던 일인데, 우리 사이
가 좋았던 건 몇몇 친한 친구들도 알고 있소. 아! 착한 여자란 참으
로 가엾구려. 남편이 지혜롭지 못하다면, 누가 그 의범(儀範)을 다
알아주겠소.

당신의 정숙함과 자애로움은 타고난 것이었소. 굳이 고사(故
事)를 끌어들이지 않더라도 당신이 하는 말들은 이치에 잘 맞았고,
간곡한 충고는 당신이 죽은 뒤에도 가슴 깊이 남아 있다오. 나의 사
사로운 정으로 꾸며서 말할 수 없기에 당신의 일은 적지 않겠소.

아! 갈산(葛山)은 밭 갈기 좋고 구택(龜澤)은 낚시하기 좋은데,
함께 여생을 마치자던 기약이 이제는 무덤에서나 가능하겠구려. 머
리는 하얗게 세고 마음은 비통하니, 내 여생이 측은하구려. 아! 내
영결사에 당신은 한 마디 대꾸도 없구려. 앞으로는 말수를 줄이고
병든 몸을 보하며, 세속의 교제를 끊고 번다한 세상사를 정리하려
하오. 그리고는 당신이 바라던 대로 도학에 뜻을 두며 자식에게 경
서를 가르치려 하오. 나의 정성을 고하오. 오호애재라!

🌸 이인상(李麟祥, 1710~1760)

자는 원령(元靈). 호는 능호(凌壺), 보산자(寶山子). 본관은 전주(全州)다. 명문가에서 태어났으나, 서출(庶出)로 북부참봉과 음죽현감만을 지냈다. 시·서·화에 능해 삼절(三絶)이라 불리며, 그림은 산수(山水), 글씨는 전서(篆書)·주서(籒書)에 뛰어났다. 이 글의 원 제목은 제망실문(祭亡室文)으로, 문집 『능호집(凌壺集)』에 실려 있다.

박윤원

신축년(1781, 정조 5) 5월 19일(신묘)에 죽은 아내 유인 안동 김 씨의 영구를 양주의 축석령 선영 밑에 묻으려 합니다. 남편 박윤원 은 망자가 이승에서 고생만 하다 영원히 떠나버린 것을 애도하여, 엿새 전인 병술일에 영전에 술을 올리며 답답한 심정을 글로 고합 니다.

아! 당신이 병들고부터 불길한 꿈을 자주 꾸었소. 매번 조상의 영령이 나를 보고 측은해 하시는 그런 꿈을. 깨고 나면 번번이 슬프 고 두려웠지만, 결국에는 불행히도 꿈이 맞으리라는 것을 직감했 소. 당신은 한낱 아녀자에 불과하지만, 당신의 생사가 실로 우리 집 안의 성쇠와 관련되기에 꿈에서 그토록 간절하게 조짐을 보여주었 나 보오.

아! 나는 3대를 이어온 종손인데, 우리 집안이 본래 청빈하여 제사 때 제수를 제대로 갖추지 못할까 늘 염려스러웠소. 하지만 당 신이 주부로서 손발이 닳도록 고생하여 조상들이 흠향하시기에 부 족함이 없게 했다오. 당신의 그 극진한 정성은 『시경(詩經)』의 '공경하는 소녀[有齊季女]'라는 이미지와 흡사하여, 불효한 나는 어진 당신만 믿고 조상께서 흠향하시기를 바랄 뿐이었소. 이제 당신이 죽었으니 안에서 제사를 주관할 사람이 없구려. 구색을 갖춰 제사를 지낼 수 없고 더구나 제수를 마련할 사람마저 없으니, 어떻게 봄 가을로 부모님을 생각하며 사당에 추모의 정을 펼 수 있단 말이오. 조상들도 슬퍼하여 나의 불효만 더해질 것이오. 오호통재라!

중년에 배우자를 잃는 것이 가장 견디기 어렵다고들 하오. 이는 부부의 정이 매우 깊어져 잊지 못해서이고, 또한 결혼생활의 즐거움이 어느 정도 무르익었는데 해로하지 못해서일 거요. 게다가 위로 어머니가 보살펴주시지 못하고 아래로 며느리의 봉양도 받지 못한다면, 남자 혼자서 의식(衣食)을 제대로 해결하지 못해 고생이 이만저만이 아닐 거요. 아내 없는 자는 이럴 때가 제일 궁해서 내가 홀아비들을 불쌍히 여겨왔는데, 오늘 같은 불행을 내가 당할 줄 어찌 알았겠소. 부모님은 이미 돌아가셨고 누이동생마저 여의었으며, 하나 남은 동생은 여기서 2백 리나 떨어진 강가에 살고 있소. 더욱 고단해진 내 신세는 괴로워도 의지할 데조차 없구려. 아들이 하나 있지만 아직 어려 걱정거리만 되고 있으니, 무슨 수로 나를 봉양하겠소. 이리저리 둘러봐도 막막해 의지할 곳을 모르겠으니, 깊은 산속에 들어가 중이나 될까 보오. 내 신세를 생각하니 절로 눈물이 흐르는구려. 사정을 잘 모르는 사람은 나더러 지나치다 하지만, 내겐 참으로 벅차다오.

평생 장자의 달관술에 대해서는 배우지 않았으니, 어찌 이 비통함을 가눌 수 있겠소. 늙은 홀아비가 호소할 데 없는 궁한 백성이라는 것은 맹자도 이미 말씀하셨소. 주자 같은 대현(大賢)도 상처한 뒤에 세세한 집안 일에 신경 써야 하는 것을 한탄하셨으니, 지금 나 같은 소인이 어찌 슬퍼하며 상심하지 않을 수 있겠소. 나는 글공부나 할 줄 알았지 생계를 꾸리는 재주는 없어, 내 한 몸 건사하는 것은 물론 열 식구 책임지는 것까지 모두 당신에게만 떠넘겼소. 당신은 아무것도 없는 데서 살림을 꾸려가느라 여간 고생스러운 게 아니었을 거요. 추위에 떨거나 굶주리는 건 말할 것도 없고, 마음 고생과 육신의 고달픔, 게다가 정신적인 고통까지 실로 견디기가 힘들었을 거요. 결국 이 때문에 병을 얻어 명이 줄었으니 내 어찌 부끄럽고 슬프지 않을 수 있겠소.

이제 생전의 온갖 근심이 죽음과 함께 모두 사라져 지하에서 영면하며 세속의 번뇌를 더 이상 모르게 되었으니, 당신은 그곳에서 편안하오? 당신은 편하겠지만, 이 몸은 어찌한단 말이오. 평소에는 내가 힘들어 하면 당신은 나 대신 그 고통을 짊어지고 싶어 했는데, 지금은 어찌하여 이토록 무심하게 내팽개쳐둔단 말이오. 나야 버릴 수 있다지만, 어찌하여 어린 양이마저 버릴 수 있단 말이오. 늦게 얻은 데다 하나뿐인 자식이라 당신은 유난히도 그 아이를 사랑했소. 품에서 떠날 만큼 자랐는데도 계속해서 젖을 먹였고, 스승에게 보낼 만한 나이가 되었는데도 오랫동안 옆에 끼고서 하루라도 떨어져 있으면 안 될 듯이 했소. 그런데 이제 와서 미련 없이 떠나버리니, 평소에 인자하던 마음과 어쩌면 그리도 다르단 말이오. 당신이 죽고 난 뒤로는 양이를 내 곁에 두고 있는데, 아이가 잠결에 내가 어미인 줄 알고 '어머니'라고 부르는구려. 다독거리는데 눈물이 주르르 흘러내렸소.

지금 양이 나이 열여섯이지만, 마음은 아직도 젖을 막 뗀 어린 아이처럼 어리기만 하오. 아주 어려서 어미를 잃은 아이는 그 슬픔을 모르겠지만, 양이 정도 되면 슬픔을 알 만한 나이라 더 측은해 차마 보지 못하겠소. 때로 어미가 생전에 고생하고 힘들었던 정황을 내 앞에서 울며 이야기하곤 하는데, 모두 내가 알지 못하던 것들이었소. 나는 그만 귀를 막고 싶은 심정이었소. 어질고 후덕한 당신이 그토록 고생한 줄은 정말 몰랐소. 당신이 이렇게 된 것은 다 내 탓이오.

가난한 선비의 아내가 고생하며 사는 건 당연하다지만, 당신에겐 어쩜 그리도 심했단 말이오. 사람들은 당신의 현숙함이 가난 때문에 많이 가려졌다고 하지만, 나는 이극(李克)이 가난 때문에 오히려 그 현숙함이 더 드러났다고 한 말이 참으로 옳다고 보오. 그때 당신이 없었다면, 나는 살아갈 수 없었을 거요. 아! 하늘이 당신을 힘들게 한 건 당신의 그 아름다운 덕성을 더욱 드러내려고 그랬나 보오. 가난하게 살다 일찍 죽은 당신을 보고 사람들은 슬퍼하며, 한평생 고생만 실컷 하다 좋은 날도 못 보고 갔다고들 말한다오.

나는 부모님께서 돌아가신 뒤로 벼슬할 생각을 접고 은둔하며 여생을 마치기로 마음먹었소. 그러니 당신이 더 살았다 해도 남편의 영화를 누릴 날이 있겠소마는, 간절히 바라던 것은 있었소. 내가 본래 번잡한 것을 좋아하지 않아 마음은 늘 시골에 묻혀 지낼 생각이었소. 옛사람들이 은둔하던 일을 동경하며 당신과 이렇게 약조하기도 했지.

"아이가 자라 혼인을 하게 되면 한양 집을 처분하고 기호(畿湖) 지방에 작은 집을 하나 구해 다 같이 내려가 삽시다. 그때가 되면 우리 부부도 늙어 밭 갈고 베 짜는 일을 직접 할 수는 없겠지만 노비 두엇이 있으니 그들에게 시키면 되오. 아이가 장성하면 집안 일을 맡겨 조상을 섬기게 하고 우리를 봉양하게 할 수 있을 거요. 그러면 나는 조용히 앉아 공부하면서 늘그막에 조그만 결실이나마 볼 수 있을 거요."

하루도 빠짐없이 이 이야기를 했는데, 이 한 가지 소원이 뭐 그리 분에 넘친다고 하늘은 이렇게 재앙을 내린단 말이오.

아내들은 항상 남편보다 먼저 죽기를 바라는데, 이는 함께 늙어가다 약간 앞서 죽는 것을 말하는 것뿐이오. 그러나 당신은 지금 외아들이 혼인하는 것도 보지 못한 채, 쉰도 못 되어 죽었소. 그러니 남편을 이토록 힘들게 하는 것이 어찌 당신이 바라던 바겠소. 이런 경우는 남편보다 먼저 죽는 것이긴 해도 좋을 게 뭐가 있겠소.

당신은 아픈 가운데서도 내가 만수무강하기를 빈다고 이야기했소. 허나 내 신세가 이미 글렀으니, 지루하게 더 산다 한들 무슨 낙이 있겠소. 슬퍼할 날만 더 길어질 뿐이오.

내가 당신에게 각별히 더 마음 아파하는 점이 있소. 세상의 부인들 중에는 당신처럼 효성스럽고 동기간에 우애 있는 자가 분명

작자 미상, 《평생도》 중 〈치사(致仕)〉,
20세기, 종이에 채색, 110.2×51.5cm,
국립중앙박물관
벼슬을 내놓고 향리로 돌아온 늙은
선비의 한가로운 생활을 그렸다.

많을 거요. 또 당신처럼 유순하고 정숙한 자도 많을 것이고, 당신처럼 순결한 자도 많을 거요. 그러나 당신만큼 고매하고 명석한 식견이 있는 이는 그리 많지 않은 듯하오. 당신의 식견은 학문을 통한 것이 아니라, 천성적으로 타고난 것이었소. 부형(父兄)에게 한번 들으면 평생 잊어버리지 않아 모든 사물의 시비와 선악을 분별할 수 있었소. 그래서 나는 안방에서 집안 살림에 관한 이야기보다 주로 의리와 고금에 관한 담론을 하곤 했소. 이따금 예문(禮文)이나 학술, 심오한 성명(性命)에 대해 언급하면, 당신은 좋아하며 이해하는 듯했소. 그래서 나는 조석으로 당신에게 이야기하는 것을 집안에서의 낙으로 삼았소. 다른 사람이 이 이야기를 들으면 나더러 어리석다고 할지 모르나, 나는 이런 낙을 당연한 것으로 여기며 즐거워했소. 밖에는 뜻을 같이하는 동지가 적은데, 집에서 이런 지기를 얻어 좋다고 여겨왔소. 그런데 이제 하루아침에 그런 당신을 잃었으니, 나는 아내를 잃은 게 아니라 좋은 친구를 잃은 것이오. 앞으로 집안에서 예전 같은 즐거움을 더는 누릴 수 없겠구려.

나는 젊은 시절, 학문에 뜻이 없다가 만년에야 비로소 이 일에 뜻을 두게 되었소. 당신도 화려한 겉치레는 하찮게 여기고 아름다운 명예를 좋아하는 사람이라 언제나 내가 뜻을 이루도록 도와주고 싶어 했소. 권면하고 경계하며 오로지 학문에 정진하기만을 바란 거요. 그러나 나는 실천에 힘쓰지 않고 기질을 바꾸지도 못해 조급하고 융통성 없이 번번이 실수를 저지르곤 했소. 당신은 이 점을 늘 염려하며 얼굴에 걱정하는 기색을 드러내기까지 하여, 내가 부끄러

위하며 사과한 적이 많았소. 학문을 조금이라도 향상시켜 당신을 기쁘게 해주고 싶었는데……. 이제라도 학문을 갈고 닦아 내 뜻을 이루고자 하지만, 당신이 볼 수 없을 테니 몹시도 한스럽구려.

당신은 20여 년을 천식 때문에 괴로워하며 살았소. 그러기에 이 병으로 죽을 거라고만 생각했지, 혈병(血病) 때문에 죽으리라곤 예상도 못 했소. 그 병은 마음을 끓인 게 원인이 되어 을미년에 발병했는데, 나는 그때 바로 알아차리지 못하다 몇 년이 지나서야 알게 되었소. 그때도 나는 벌써 몇 년을 무사히 넘겼으니, 이제 와서 깊이 근심할 게 뭐 있겠나 싶어 무심히 보아 넘겼소. 또 약으로 치료할 여력도 없어 저절로 낫기만을 바랐소. 그러다 병이 심해지고 나서는 약을 쓰기에도 늦어버렸다오. 내가 정말 모자랐고 너무나 무신경했구려. 그러나 이것도 다 가난 때문이라오.

작년 7월 당신의 큰오라버니인 담양공(潭陽公)이 별세했을 때는 한창 무더울 때였소. 당신은 건강이 상할 정도로 몹시 슬퍼하여 돌아와서는 한 달 동안 설사병을 앓았소. 그때부터 위장에 탈이 나 먹지를 못했으니, 위태로운 조짐은 그때 이미 나타났소. 만일 그때 좋은 약을 써서 허한 몸을 보했더라면 이렇게까지 되지는 않았을 텐데……. 아! 이제는 모든 게 끝났으니, 다시 어찌하겠소.

예전에 당신과 이야기를 나누다, 내가 양반집 여자 상례에 사내종이 초혼(招魂)*하게 하는 것은 예가 아니라고 일러준 일이 기억나는구려. 그때 당신은 "제가 죽으면 꼭 연이가 초혼하게 해주세요"라고 했소. 연이는 당신이 시집올 때 데려온 계집종인데, 그 애가 본시 병약해 당신보다 먼저 죽을 줄 알았소. 그런데 지금 그 애를 시켜 초혼을 하게 하니 세상사란 참 알 수가 없소. 20년 전의 이야기가 결국 현실이 되다니…… 인간의 생사와 수명은 미리 정해져 있는 것이라 이렇듯 쉬 바뀔 수 없는 것이란 말이오? 아! 슬프구려.

당신은 병을 앓으면서도 초상 치를 일을 걱정했는데, 뜻을 모아 도와준 사람들이 있어 관에 넣을 부장품은 그날로 마련했소. 당신 둘째 언니는 손수 상복을 바느질했으며, 매부 김 서방은 관 살 돈을 보내와 기일에 맞춰 장례지낼 수 있게 되었소. 그러니 모든 것이 간소하긴 하지만 집안 형편에 비하면 유감은 없다 하겠소.

장지는 금곡 땅 선산 기슭으로 정했소. 지세는 낮지만 남쪽을 향해 있어 바람을 잘 막아주고 햇살이 잘 드는 방향이라오. 이곳은 갑오년(1774) 선친의 장례 때 지관이 보고 길지라 하여 우리가 훗날 묻히기로 했던 곳이오. 이 말은 당신에게도 한 적이 있을 거요. 이제 묏자리를 정해 부모님 발치에 묻으려 하오. 귀신이나 사람 모두에게 흡족한 일이니 당신은 분명 즐거운 마음으로 이곳에 묻히리라 생각하오.

당신이 미처 처리하지 못한 자잘한 일들은 양이가 매우 명석하니, 당신 뜻대로 매사를 처리할 것이오. 간혹 아비의 명으로 약간의

■ 발상(發喪)하기 전에 죽은 이의 혼을 부르는 일로, 죽은 이가 살아 있을 때 입던 저고리를 왼손에 들고 오른손은 허리에 대고 지붕이나 마당에서 북쪽을 향해 '아무 동네 아무개 복(復)'이라고 세 번 부른다.

변통이 있을 수는 있겠지만, 어미의 뜻에 크게 어긋나게 하지는 않을 것이니 당신은 안심하고 염려하지 마시오.

당신은 임종 때 집안 일을 걱정했는데, 제사와 의복은 서모(庶母)에게 맡기고 아침저녁 끼니는 두 종에게 맡긴 채 며느리를 보게 될 날만 기다리고 있소. 당신은 또 나의 혈병을 염려했소. 내가 너무 근심하고 슬퍼했으니 병이 더 심해져야 할 텐데 심해지지 않으니, 내가 생각해도 이상하구려. 아마 당신 소원대로 하늘이 내게 모진 목숨을 더해주려나 보오. 정말이지 세상을 사는 낙이라곤 없소. 다만 내가 있어야 양이를 보호할 수 있고, 양이를 보호해야 가문을 유지할 수 있기에 더 살고자 하는 것뿐인데, 과연 이런 소원이 이뤄질지는 모르겠구려.

병중에도 당신은 내게 "양이는 우리가 나무라면 지나치게 마음을 쓰니 그게 걱정입니다. 제가 간혹 심하게 야단을 치더라도 당신이 잘 조절해주세요"라고 했소. 그 말이 아직도 귓가에 쟁쟁한데 내 어찌 잊을 수 있겠소. 양(陽)이는 동지에 태어나, 선친께서 『주역』의 '다시 회복한다〔來復〕'는 뜻을 취해 이름을 지어주셨소. 지금은 가운이 극도로 쇠한 상태지만, 훗날 형통하여 가문이 다시 일어나 그 아이의 이름자와 부합하게 될는지……. 당신은 선조의 영령이 계신 곳에 가 고하여 그렇게 되도록 도와주구려. 아! 말도 눈물도 예서 멈추어야 할 것 같소. 오호애재라! 상향.

🌸 박윤원(朴胤源, 1734~1799)

자는 영숙(永叔). 호는 근재(近齋). 본관은 반남(潘南)이며 시호는 문헌(文
獻)이다. 김원행(金元行)의 문인으로 벼슬보다 학문에 뜻을 두어 학자로 추
앙받았다. 이 글의 원 제목은 제망실문(祭亡室文)으로, 문집 『근재집(近齋
集)』에 실려 있다.

누가 있어 저녁 종소리에 나를 기다려줄지

박윤묵

아! 죽은 아내 이안 박씨의 장례가 2월 28일로 잡혀, 선영 옆 동남향 언덕에 안장하려 합니다. 그 이틀 전인 26일(임술)에 남편 박윤묵은 변변찮은 제수를 올리고 영전에 곡하며 영결합니다.

아! 올해가 무슨 해인가? 아! 올해가 무슨 해인가? 올해는 '계(癸)' 자가 들어가는 해구려. '계' 자가 들어가는 해는 원수 같은 해라오. 계묘년(1783)에는 선친의 상을 당했고, 계축년(1793)에는 모친이 별세하셨소. 부모를 잃고 삶의 끈을 놓친 채 오직 당신만 의지하며 살았소. 나를 위로해준 이도 당신이고, 나를 사랑해준 이도 당신이고, 저녁에 돌아가면 나를 맞아주는 이도 당신이고, 새벽에 나갈 때면 나를 전송해준 이도 당신이었소. 의복이나 음식을 챙겨주는 것은 말할 것도 없고, 가난과 고생을 함께하고, 희로애락도 함께 나누지 않은 것이 없었소. 부부간의 정이 남다르다고 한들 누가 우리 두 사람만큼이야 되었겠소. 근 10년 동안 죽지 않고 살았던 것이 누구의 힘이었겠소. 오직 당신이 있어서라오.

올해는 계해년(1803)인데 당신마저 나를 버리고 가버렸소. 이제 위로 부모도 없고 아래로 처자식도 없어 보잘것없는 내 한 몸에 환과고독의 궁한 처지를 다 겸했으니, 불행한 운명과 고단한 신세는 이 세상 어디에도 짝할 자가 없을 것이오. 이것이 내가 '계'자 들어가는 해를 제일 싫어하며 애통해 하는 이유라오. '계'자 해여! 어째서 나를 궁지로 모는가! 어째서 나를 궁지로 모는가!

아! 당신은 내게 시집와 19년 동안 어머니를 섬길 때는 기쁜 낯빛으로 받들며 밤낮으로 조금도 해이하지 않았고, 동서들 간에도 성심을 다해 잘못을 저지르는 일이 없었소. 친척들을 후하게 대접했고 종들도 너그럽게 다스렸소. 그래서 일가친척들 모두 당신을 어진 부인이라 칭찬했다오. 아! 박복한 내가 무슨 복으로 이렇게 어진 아내를 얻어 오래도록 가정을 꾸리고 살게 되었는지…….

당신은 평소 아무리 하찮은 일이라도 마음대로 하는 법 없이, 나를 존경하며 내 뜻을 따라주었소. 살림을 꾸려갈 때도 남에게는 풍족하게 하여도 자신에게는 인색했소. 집에 여유가 있어도 좋은 옷이나 장신구를 구하는 데 마음을 쓴 적이 없었소. 언제나 껑충한 치마에 다 낡은 비녀를 꽂고 다니면서도 옛 부인들의 기품에 비해 조금도 손색이 없게 했다오. 자잘한 물건조차도 낡고 깨진 것을 고쳐 쓰며 버리는 것이 아무것도 없었소. 이것이야말로 말하기도 전에 알아서 뜻을 따르는 것이 아니겠소. 이는 성품이 본래 단아하고 깔끔해서 그런 거였소. 아! 어질구려. 10년 동안 우리 집안을 화목하게 이끌어간 것은 첫째도 당신의 공덕이고, 둘째도 당신의 공덕이오. 아! 그런 공덕을 어찌 잊을 수 있겠소.

아! 당신은 계축년(1793)에 딸아이 하나를 낳고서 적한증(滴寒症, 식은땀이 나는 증세)과 그간에 쌓인 병으로 몇 개월 사경을 헤매다 겨우 살아났소. 그 뒤로 지병이 좀처럼 낫지 않는 데다 새로운 증상까지 줄줄이 생겨났소. 뺨에 종기가 나고 횟배를 앓으며 해소와 냉담까지 번갈아 괴롭혀 한 해에 몇 번이나 죽을 고비를 넘기고, 한 달에 이불을 걷는 날이 거의 없을 지경이었소. 10년간 병마에 시달린다는 것은 사람으로서 차마 견디지 못하고 차마 못 볼 일이오. 사람이 이 지경에 이르면 사는 데 무슨 낙이 있겠소. 참으로 괴로웠을 거요.

나는 7년 동안 주자소(鑄字所, 조선시대 활자를 만들던 정부 기관)에서 밤낮으로 공무에 매달리느라 병든 당신을 돌볼 겨를이 없었소. 음식을 조절하고 약 달이는 일을 모두 장모에게 맡겨둔 채 내가 직접 해본 적이 없었다오. 그러다가 기미년(1799)에 장모가 돌아가시자, 그때부터 당신은 더더욱 살고 싶은 의욕이 없어져 늘 죽어야겠다는 마음만 먹는 듯 보였소. 밤이면 등불 아래 이불을 덮고 나란히 손을 잡고 앉아 서글픈 심사를 이야기하느라 날이 밝는지도 몰랐는데, 이제 와서 차마 무슨 말을 하겠소. 당신은 늘 "하늘은 생명을 주관하시잖아요. 그래서 초목도 씨앗을 뿌리고 금수도 새끼를 치는데 저만 유독 자식이 없으니, 무슨 죄를 지었기에 이렇게 자식도 없이 병만 생기는지요?"라고 하였소. 이 말을 듣는다면 남이라도 눈물을 흘릴 텐데, 내 마음이야 오죽했겠소. 하늘이 당신에게 아녀자로서의 덕은 후하게 주시고는 자식을 주시는 데 인색한 건 어째서인지. 하늘이 자식도 주지 않으면서 질병까지 내리는 건 또 어째서인지. 하늘이 하시는 일이 왜 그런 건지. 오호통재라!

내가 당신에 대해 너무나 원통하게 생각하는 것은 병마나 출산을 못한 데 대한 것이 아니라, 차마 말 못 할 일이 따로 있다오. 지난 가을 당신에게 임신한 조짐이 있다고 했을 때, 남들은 몹시 기뻐했지만 실은 나 혼자 크게 걱정했고, 남들은 다 믿었지만 나 혼자 의심했소. 당신은 10년간 병을 앓느라 음식이 있어도 먹지 못하고 먹지 않아도 배고픈 줄 몰라 임신할 가망이 전혀 없었소. 게다가 근년 들어 냉담과 해소가 번갈아 일어나고 쌓인 증상들이 해독을 부려 등뼈가 높이 솟고 기혈이 고갈되었으니, 임신을 했다는 게 말이 되겠소. 절대로 그럴 리가 없는 게 분명하오. 천하에 어찌 이치를 벗어난 이치가 있단 말이오. 아녀자의 얕은 식견으로 떠들어대는 말에 귀 기울일 게 뭐 있겠소.

살고 싶은 의욕도 없던 당신은 위독해지자 도리어 세상에 연연했는데, 아마도 뱃속에 아기가 있다고 생각해서였을 거요. 억지로 약도 먹고 밥도 먹고, 말할 때도 죽는다는 말을 피하며 어떻게든 살아 보려 했소. 이는 인정상 그러지 않을 수 없는 것이긴 했지만, 그렇다고 고칠 수 있는 것도 아니었소. 당시 나는 이치로 따져 말하고 싶었지만 차마 그럴 수 없었소. 눈앞에 자식이라곤 하나도 없으니, 내가 당신을 위로할 방법이라곤 사실도 아닌 임신뿐이었소. 당신 역시 없는 아기를 있다고 생각하고 가짜를 진짜로 여기며 죽는 순간까지 그리 믿었다오. 당신이 아파서 정신이 혼몽할 때는 거짓인 줄 알면서도 그것으로나마 위로할 수 있었는데, 이제 당신은 혼령이 되었으니 더 이상 속일 수도 없구려. 그건 그렇다 쳐도 상을 치를 때도 금기할 것이 있어 제대로 예를 갖추지 못했고 장례 지낼 때도 임시로 묻게 되었으니, 무슨 이런 일이 있단 말이오. 아! 다 죽게 되어서도 살 줄로만 알다가 죽은 뒤에는 사람들에게 꺼림을 당하니, 얼마나 원통하겠소. 나도 그만 땅 속에 묻혀 아무것도 몰랐으면 좋겠구려.

아! 앞서 내 슬픈 심사를 말한 것은 당신이 불행히도 나를 만난 것이 가슴 아파서였고, 뒤에 당신의 슬픈 심사를 말한 것은 내가 불행히도 이런 일을 당한 것이 가슴 아파서였소. 당신이 가버리자 온 집안이 쑥대밭이 되었소. 주부가 없으니 누가 나에게 밥을 챙겨줄 것이며, 누가 나에게 옷을 챙겨주겠소. 누가 저녁 종소리에 나를 기다려주고 새벽 파루(罷漏, 조선시대 통행금지 해제를 알리기 위해 새벽 4시경 33번 종을 치는 것) 소리에 나를 깨워주겠소. 이제 나는 누구를 의지하며 살아가겠소. 병을 곧잘 앓던 나는 피골이 상접해 숨만 겨우 붙어 있으니, 당신을 따라 구천에 가서 길이 내생의 인연을 맺을 날도 얼마 남지 않았소. 당신은 기다려주구려. 죽은 자야 본래 애처롭다지만 살아 있는 자도 슬프기 그지없구려. 한번 생사가 갈리자 만사가 심드렁해져 글을 앞에 놓고도 통곡만 할 뿐 무슨 말을 해야 할지 모르겠소. 변변찮은 전을 올리니, 부디 흠향하기 바라오. 아! 상향.

박윤묵(朴允默, 1771~1849)

자는 사집(士執). 호는 존재(存齋). 본관은 밀양(密陽)이다. 중추부동지사를 거쳐 평신진 첨절제사(僉節制使)를 지내며 선정을 베풀어 송덕비가 세워졌다. 이 글의 원 제목은 제망실이안박씨문(祭亡室利安朴氏文)으로, 문집 『존재집(存齋集)』에 실려 있다.

휘장을 거둬내고 불러봐도,
관에 기대어 울어봐도

홍석주

오호통재라! 당신은 진정 나를 버리고 떠난 거요? 위로는 부모님이 안 계시고 아래로는 자식도 없는데, 나더러 누굴 의지해 살라고 떠나버린 거요. 이제 너무 늙어 옷도 당신이 입혀줘야 마음에 들고, 밥도 당신이 해줘야 입에 맞고, 아프거나 종기가 생기면 당신이 돌봐줘야 조금 편안해지는데, 앞으로 누구를 의지해 살라고 나를 버리고 가버린 거요.

당신 목소리가 아직 귀에 쟁쟁한데 섬돌에 올라서도 아무것도 들리지 않고, 당신 모습이 눈에 선한데 방에 들면 아무도 보이지 않는구려. 휘장을 거둬내고 불러봐도, 관에 기대어 울어봐도 아무런 대꾸가 없구려. 어젯밤엔 꿈에라도 나타날 것만 같았는데, 어슴푸레할 뿐 끝내 만나 보지 못했다오.

아! 모든 게 끝인가 보오. 진정 당신은 나를 버리고 가버려 내게 이토록 끝없는 슬픔을 안겨준단 말이오? 당신이 위독할 때 내가 당신 옆에 앉아 있었소. 그때 당신은 이미 눈을 감고 인사불성인 듯싶더니 갑자기 나를 부르며 "이렇게 아픈데 왜 아직 안 죽는 건가

요?"라고 했소. 내가 정색을 하며 "당신은 어째서 그런 말을 하오. 나는 장차 누구를 믿고 살라고 그런 말을 한단 말이오"라고 했소. 당신은 한동안 슬퍼하더니, 한숨을 쉬며 "당신이 제게 얼마나 잘해 주셨는지 알아요. 저도 당신이 저 말고는 의지할 데가 없다는 것도 잘 아니, 어찌 당신을 위해 조금이라도 더 머물고 싶지 않겠어요. 다만 병고를 어찌할 수 없어서 그래요"라고 했소.

　잠시 후 며느리를 불러서, "내가 죽으면 네 시아버님도 오래 사시지는 못할 게다"라고 했소.

　아! 사람이 태어나면 언젠가는 죽는 법이오. 당신이 나를 버리지 않았다면 내가 당신을 버렸을 거요. 나도 쇠약하고 병들어 오래 살지는 못할 텐데, 사람들은 홀아비보다 과부를 더 싫어하니 당신이 먼저 가는 것이 당신을 위해서 잘된 일이오. 또 내가 고통 속에 살아갈 날도 얼마 남지 않았으니, 이 점이 지금 나의 슬픔을 위로할 수 있는 건 아닌지 모르겠소.

　아! 사람이란 누구나 죽게 마련이라 슬퍼할 것도 없지만, 후사가 없이 죽는 것이 슬플 뿐이오. 당신은 자식을 여럿 낳았지만, 내가 실로 아비노릇을 못해 한 자식도 제대로 건사하지 못했구려. 그리하여 당신 영궤 곁에 상복을 입고 빈소를 지킬 자식 하나 없이 쓸쓸하게 만들었으니, 이 슬픔을 뭐라 위로할 말이 없구려. 그나마 당신이 죽어서는 내가 상주가 된다지만, 나 죽은 뒤에는 누가 상주가 된단 말이오. 당신에게도 지각이 있다면, 지하에서라도 한이 없지 않을 것이오. 아! 당신은 어찌하여 이렇게 나를 버리고 가버릴 수 있단 말이오.

당신은 몇 년째 병을 앓으며 늘 내게 "저는 이미 쇠약하고 병들어 살림을 할 수 없지만, 제 대신 며느리가 잘할 거예요. 그렇긴 해도 우리 집안이 가난해 무엇 하나 마련하기 어렵다 보니, 차마 홀로 된 며느리에게 이 괴로움을 다 짊어지게 할 수가 없네요"라고 말하곤 했소. 아! 당신은 며느리를 몹시도 가여워했소. 당신이 살아 있을 때는 당신을 의지하며 살 수 있었지만 그래도 차마 당신의 노고를 떠맡기지 못했소. 그런데 이제 그 아이는 누구를 믿고 살라고 이 고통을 남겨주고 가버린단 말이오.

당신이 가버린 뒤로 내 어찌 차마 안방에 다시 들어갈 수 있겠소. 당신이 드나들던 문지방, 당신이 기거하던 침실과 아랫목, 시렁 위의 옷걸이와 반짇고리까지 어느 것 하나 당신 흔적이 묻어 있지 않은 게 없구려. 눈길 닿는 곳마다 당신 모습이 삼삼해 모든 게 마음을 아프게 하니, 내 어찌 차마 다시 이곳을 드나들겠소. 며느리는 외롭게 혼자 살다 보니 어디 물을 곳도 없는 데다 나이도 어려, 종들도 당신이 있을 때만큼 어려워하지 않는구려. 나마저 안채에 발길을 끊고 전혀 돌보지 않는다면, 우리 집안은 장차 어찌 되겠소. 이 때문에 내가 감정을 억제하고 아무렇지도 않은 듯 예전처럼 드나들고 있지만, 가끔씩 한번 돌아보면 간장이 찢어지는 듯하오.

아, 잔인하구려! 어찌하여 당신은 내게 이런 고통을 겪게 하고도 아랑곳하지 않는단 말이오. 혈육이라곤 딸 하나뿐인데, 당신이 병들었을 때 그 아이는 만삭이었소. 그때 당신은 너무 기운이 빠져

누웠다 일어나는데도 부축을 받아야 했소. 그런데도 딸아이가 가까이 다가가려 하면 손사래를 치며 내보냈으니, 그건 그 애가 무리하다 잘못될까 염려해서였소. 당신이 내 형제자매들에게 신신당부한 것도 모두 이 아이에 관한 부탁이었소. 아! 당신은 딸에게 그토록 지성스러웠는데, 어찌하여 그 애를 버리고 돌아보지 않는단 말이오. 당신은 딸아이의 몸이 약한 것을 늘 걱정했소. 그 애는 여러 해 산욕으로 몸을 지탱할 수 없을 정도로 허약해져, 한시도 걱정을 놓을 수가 없었소. 당신이 병들자 딸아이는 여러 달을 가슴 졸이며 애태우다, 당신이 죽자 가슴을 치며 통곡하느라 더 쇠약해져 모두들 처연해 했소. 지금은 다행히 별 탈 없이 아이를 낳아 사내아이를 안겨주었는데, 당신은 아는지……

딸아이의 시댁이 가난해 살기가 어려웠소. 그러다 보니 그 애가 어디에 있든 죽을 쑤고, 땔감을 하고, 아플 때 약을 달여주고, 손자에게 젖을 먹이고, 자리를 깔아주는 일까지 모두 당신이 해주었는데, 이제 그 애는 누구를 의지해 살아가겠소. 아! 당신이 나를 버리고 돌아보지 않는 건 그렇다 치고 어찌하여 며느리와 딸애까지 돌아보지 않는단 말이오. 아! 애통하구려.

정말로 당신은 나를 버리고 가버렸구려. 큰 소리로 불러봐도 내가 부르는 소리를 끝내 듣지 못하고, 온갖 말을 다 걸어 보아도 내 말에 끝내 아무런 반응도 없구려. 우선 내 슬픔을 삭여 볼까 하지만 슬픔은 결코 삭지 않고, 또 내 심정을 터놓고도 싶지만 끝내 터놓을 수 없구려. 48년을 함께 산 부부의 정이 여기서 끝난단 말이오? 아!

두 사람이 한몸이 되어 서로 속내를 터놓았기에 당신 마음을 내가 잘 알고, 내 마음을 당신이 잘 헤아려주었소. 당신에게 지각이 있다면 내가 말하지 않아도 알 것이고, 지각이 없다면 내가 말을 해본들 슬픔만 더할 뿐 무슨 소용이 있겠소. 하지만 내가 당신에게 말을 하려 한 지는 실로 오래되었소. 한 달 내내 생각하고도 글을 이루지 못하다가, 쓰고 보니 이러하구려. 내 정신이 이렇게 쇠했으니, 당신과 함께 묻힐 날도 얼마 남지 않았을 거요. 아! 우리는 잠깐 이별하지만 영원히 함께할 것이니, 이것으로 내 슬픔이 조금은 위로가 되는구려. 오호애재라! 상향.

🌸 홍석주(洪奭周, 1774~1842)

자는 성백(成伯). 호는 연천(淵泉). 본관은 풍산(豐山)이며, 시호는 문간(文簡)이다. 전라도, 충청도 관찰사를 거쳐 병조판서, 이조판서, 좌의정을 지냈다. 성리학에 정통한 10대 문장가로 꼽는다. 이 글의 원 제목은 제실인문(祭室人文)으로, 문집 『연천집(淵泉集)』에 실려 있다.

임헌회

신유년(1861, 철종 12) 3월 초하루(기축)에 남편 임헌회는 죽은 아내 숙인 윤씨를 위해 비석을 세우고 묘지(墓誌)를 묻고서 슬픈 심정을 고합니다.

오호애재라! 당신이 나이 오십이 채 안 되어 하룻밤 사이에 갑자기 세상을 뜨니 그 슬픔이 어떠하겠소. 그런데도 나는 당신을 위해 슬퍼할 겨를도 없이 오로지 아들 만이의 죽음만을 슬퍼한다오. 그러나 만이를 위해 슬퍼하는 것이 바로 당신을 위해 슬퍼하는 것이오. 다행히 당신 피붙이로 만이 하나가 있었소. 만이가 장가들어 자식을 낳으면 만이의 자취가 무궁히 전해질 것이고, 만이의 자취가 무궁히 전해지면 당신의 자취도 무궁히 전해지는 것이오. 그런데 지금 만이가 죽어 자취가 없으니, 당신의 자취도 따라서 없어지는 것이오.

오호애재라! 만이는 효를 다하다 죽은 것이라 내가 표석 하나를 세워 손수 '효자의 묘[孝子之墓]'라고 적었소. 만이의 이름은 구중궁궐에까지 가 닿아 앞으로 표창하는 은전이 있을 거요. 그러면 만이의 이름이 무궁히 전해질 것이고, 이름이 전해지면 자취도 사라지지 않을 것이오. 만이의 자취가 사라지지 않는다면 만이 어미의 자취도 사라지지 않는 것이니, 이 또한 세상에 살다 간 자취라고 할 수 있을 거요.

오호애재라! 만이가 장가들어 자식을 낳지 못하고 죽은 것은 누구 때문이며, 슬픔을 감당하지 못해 곡기를 끊고 죽은 것은 또한 누구 때문이오? 이미 무심하게 자취도 남기지 않았는데, 억지로 자취가 없는 것을 두고 자취가 있다고 말하는 나는 또 무슨 마음에서 그러는 거요? 자취가 있든 없든 슬프긴 마찬가지니, 다시 무슨 말을 하겠소.

나도 궁금하오. 만이를 당신 무덤 아래쪽에 묻었는데, 지하에서도 과연 인간 세상에서처럼 모자가 외롭지 않게 서로 의지해 살아갈 수 있을지 말이오. 내가 만이를 보지 못한 지가 일곱 달이나 되었소. 일곱 달 동안 만이가 얼마나 자랐으며, 무슨 책을 읽고 있는지 꿈속에서라도 한 번 와서 내게 알려주오. 봄비는 추적추적 내리고 신록은 푸르기만 한데 끝없는 이 슬픔은 언제나 그칠는지……. 오호애재라!

임헌회(任憲晦, 1811~1876)

자는 명로(明老), 중명(仲明). 호는 고산(鼓山), 전재(全齋), 희양재(希陽齋). 본관은 풍천(豐川)이며, 시호는 문경(文敬)이다. 경서에 몰두해 학자로 이름이 알려졌으며, 대사헌 등을 지냈다. 이 글의 원 제목은 재제망실윤씨문(再祭亡室尹氏文)으로, 문집 『고산집(鼓山集)』에 실려 있다.

백 년 해로도 덧없어

언제쯤에나 당신과 아이들을 만날 수 있을는지

조익

아! 당신과 부부가 된 지 53년이 흘렀구려. 어린 나이에 만나 서로 위하고 아껴주며 같이 늙어가다 이제 당신을 잃었으니, 내 슬픔이 어찌 끝이 있겠소. 당신이 죽어 다시 볼 수 없는 것도 애통한데, 사방을 돌아봐도 의지할 곳 없는 고단한 내 신세까지 생각하니 슬픔과 상심이 그치지 않고 눈물이 하염없이 흐르는구려.

고생하며 낳아 기른 자식이 여덟인데 그 중에 둘이 죽었고, 장성하여 요절한 자식이 또 둘이나 되오. 집안이 줄곧 가난하여 당신은 평생 고생만 하며 살았소. 열 명이 넘는 식구를 먹이고 입히고 하려니 늘상 부족하기만 했소. 이런 일쯤이야 아녀자들에겐 특별한 일도 아닌 일상사라 하지만, 그래도 매우 힘들었을 거요.

아! 당신은 진실하고 소박하여 가식이 없었소. 대범하면서도 깔끔한 성격이라 아무리 가난해도 구차하게 얻거나 남에게 빌리는 걸 좋아하지 않았소. 상스러운 말은 한 적이 없고 음란하고 행실이 나쁜 하인들은 매섭게 질책했소. 이런 것들이 당신의 장점인데, 아! 이런 당신을 이젠 볼 수 없구려. 아마 나는 오늘부터 죽는 날까지

전 김홍도, 《평생도》 중 〈회혼례(回婚禮)〉, 비단에 채색, 53.9×35.2cm, 국립중앙박물관

'회혼례'는 결혼한 지 60년이 되는 해에 다시 한 번 혼인식을 치르며 장수와 복록을 축하하는 예식이다. 아무리 조혼이 일반적이었다 하더라도, 사망률이 높았던 조선시대에 60년 동안 부부로 함께 사는 것은 크나큰 경사가 아닐 수 없었다.

당신을 그리워하지 않는 날이 하루도 없을 거요. 그러나 내 나이도 벌써 칠십이 다 되었으니 앞으로 살면 얼마나 더 살겠소. 생각해 보면 서로 그리워할 시간은 얼마 남지 않고, 죽어서 함께할 날은 영원할 것이니, 또 무엇을 한스러워하겠소.

아! 올 정월에 와촌(瓦村)에 퍼진 전염병을 피해 당신이 먼저 읍내로 들어갔소. 읍내의 민가에는 노인을 모실 만한 큰 방이 없어, 나는 부모님을 모시고 서야(瑞野)의 새 집으로 돌아왔소. 10리도 안 되는 거리지만 인마를 갖추기 어려워 자주 당신에게 가볼 수 없었으니, 당신은 병중에 내가 몹시 보고 싶었을 거요. 이제 영영 떠나면서도 내가 당신을 그리워하듯 당신도 나를 그리며 슬퍼하고 있는지……

아! 괴롭고 괴롭구려. 수년 전부터 가운이 험난해 아들, 딸, 사위, 손자를 잇따라 모두 여덟이나 잃었소. 슬픔으로 나날을 보내자, 사람들은 모두 당신이 그러다 몸이 상할까 염려했소. 그러나 슬픔 때문에 건강을 상한 거라면 나는 왜 죽지 않고 살아 있는지 모르겠구려. 기혈에도 강약과 허실의 차이가 있어서 그런 건지, 아니면 수명이란 미리 정해져 있어 무엇으로도 바꿀 수 없어서인지……. 죽은 자식들을 그리워하며 괴로워하는 것은 당신이나 나나 마찬가지일 거요. 이제 당신은 그 아이들과 만나 그 동안 오래 떨어져 살면서 쌓인 회포를 풀고 있소? 나는 언제쯤에나 당신을 뒤따라가 당신과 아이들을 만날 수 있을는지……. 행여 내가 10여 년을 더 산다 해도 죽이나 다름없는 삶을 살 텐데, 무슨 낙이 더 있겠소.

이번에 대흥 땅에 새로 산소를 마련했지만 날짜가 좋지 않아 장례를 치를 수가 없구려. 임시로 매장하고 내년에 다시 길일을 잡아야겠소. 발인이 임박했기에 한 잔 술로 영결하는데, 당신은 아는지……. 오호애재라!

🌸 조익(趙翼, 1579~1655)

자는 비경(飛卿). 호는 포저(浦渚), 존재(存齋). 본관은 풍양(豊壤)이며 시호는 문효(文孝)이다. 예조판서, 우의정, 좌의정 등을 지냈으며 장현광, 윤근수의 문인이다. 성리학의 대가로 예학에 밝았으며, 음률, 병법 등에 능했다. 이 글의 원 제목은 제부인문(祭夫人文)으로, 문집 『포저집(浦渚集)』에 실려 있다.

텅 빈 방에는 달빛만 싸늘하고

조지겸

아! 당신은 정녕 가버린 거요? 당신의 목소리는 귓가에 쟁쟁하고 당신의 모습은 눈앞에 삼삼하여 여전히 내 곁에 있는 듯한데, 어찌하여 불러 봐도 대답이 없고 보려 해도 보이지 않는단 말이오. 아! 어쩌면 꿈은 아닐는지……. 아니, 내가 미치광이 바보여서 잘 모르는 건 아닌지……. 아! 당신은 정녕 이 지경이 되고 말았단 말이오? 아름다운 목소리를 끝내 다시 들을 수 없단 말이오? 평생 사랑하던 정리가 하루아침에 끊어져버렸으니, 백 년을 함께하리란 다짐도 이제 다 그만이구려. 어찌하여 이토록 갑작스레 나를 버린 거요. 근심과 걱정을 감당하지 못하고 추위와 주림을 견디지 못해 차라리 아득하게 아무것도 몰랐으면 하는 거요? 슬프디 슬픈 영령은 떠나 어디로 가는지……. 무심한 하늘이여! 이 무슨 일이란 말입니까. 당신의 죽음을 가슴아파하고 지난 행적을 추도하자니, 나도 목석이 아닌데 어찌 하늘을 우러러 살이 저미듯 애가 끊어지듯 길이 울부짖지 않을 수 있겠소. 오호통재라!

병이 심해지자 당신은 정신이 혼미해지면 더 이상 이야기할 수 없을 거라며 누차 영결의 말을 하려 했소. 나라고 어찌 하고 싶은 말이 없었겠소마는, 그때는 당신이 회복하리라고 여겼소. 그래서 당신이 여러 차례 말하려고 하는데도 원기가 상할까봐 억지로 막으며 차마 듣지도 않고 말하지도 못하게 한 거요. 결국 이렇게 될 줄 알았더라면, 어찌 그 애통한 마음을 조금이나마 풀도록 내 앞에서 하고 싶은 말을 다 하게 내버려두지 않았겠소. 그랬더라면 나나 당신이나 이렇게 설움이 깊어지지는 않았을 텐데……. 이제 내 곡성과 내 음성이 하늘까지 닿는다 한들 어찌 당신의 그림자라도 볼 수 있겠소. 아! 저 세상에 가서도 영혼이 있어 내 말을 듣는 거요? 아니, 내가 당신의 말을 못 듣는 것처럼 당신도 내 말을 못 듣는 거요? 오호통재라!

우리가 부부가 된 지 근 40년인데 좋은 일은 티끌만큼도 안 되고 좋지 않은 일이 대부분이었소. 신혼 초에 당신 집안에 혹독한 화가 닥쳐 장인어른께서 3년간 옥살이를 하셔서 온 집안에 경황이 없었으니, 그때 일을 더 무어라 하겠소. 당신이 무술년(1658) 겨울에 유배지로 부친을 뵈러 갔을 때, 나는 큰형님께서 위중하셔서 당신과 함께 갈 수 없었소. 추운 날씨에 아득한 천릿길을 당신 혼자 떠나 보내자니, 마치 혼이 녹아내리는 듯했다오. 당신은 3년 뒤에야 겨우 북쪽에서 돌아왔는데, 얼마 안 있어 다시 충주로 부모님을 뵈러 가게 되었소. 연이어 몇 년을 시달렸으니 어떻게 병이 나지 않을 수 있겠으며, 가난 때문에 떨어져 살게 되었으니 내가 어떻게 마음을 달랬겠소.

임인년(1662) 봄에 장인어른께서 사면 받고, 당신이 배편으로 한양으로 돌아오게 되어, 내가 강가로 마중을 나갔소. 당신은 갓난쟁이를 품에서 떼어 무릎에 앉히곤 서로 마주앉아 반가워했으니, 한 번이나마 양미간을 편 것은 오직 이날 저녁뿐이었소.

아! 나는 어려서부터 가난한 데다 집안에 병고도 많아 늘 당신을 처가에 맡겨놓았는데, 당신 집안에 너무도 참혹한 화가 들이닥쳤소. 7~8년 사이에 당신 동기간이 대부분 목숨을 잃었고, 지난해 몇 개월 동안에는 장인, 장모마저 잇따라 별세하셨소. 형제를 잃은 마당에 부모님마저 여의었으니, 당신은 삶의 한계에 부딪쳐 기진맥진하게 되었소. 게다가 해산한 뒤로 가난과 추위로 제대로 먹지도 입지도 못하다 보니, 지병이 심해져 아이를 먹일 수가 없었소. 아이는 강보에 싸인 채 굶주려 죽고 말았고, 당신도 병이 점점 더 심해져 끝내 숨을 거두었소. 세상에 이런 일을 보게 될 줄 누가 생각이나 했겠소. 불에 타는 듯하고 칼로 저미는 듯한 고통에 먼저 죽지 못한 게 한스럽소. 아! 당신이 부모님을 여윈 지 채 1년이 안 되었고 어린 아기를 잃은 지도 겨우 백 일이 지났는데, 당신 영구가 또 땅에 묻히게 되었구려. 아! 세상에 어떻게 이런 일이 있단 말이오. 하늘이시여, 귀신이시여! 내가 무슨 죄를 지었기에 죄 없는 처자식을 이 지경에 이르게 한단 말입니까.

아! 당신은 집안의 환난을 당하면서부터 병이 심해지더니 부모님 상을 치르고는 하루가 다르게 여위어갔소. 겨울이 되기 전부터 부친의 병이 심해져 곁을 떠날 수 없는 형편이다 보니, 아이가 태어나도 보지 못하고 당신이 병들어도 보살펴주지 못했소. 그러다 어느 날 저녁 집에 가 보니, 당신의 병이 너무도 위중해져 있었소. 아이는 곁에서 빽빽 우는데 당신은 가물가물 사경을 헤매고 있었으니, 이때의 놀란 마음을 무어라 말할 수 있겠소. 재빨리 약을 먹여 겨우 연명하게 했으나, 잠시나마 병상을 털고 일어나게 되자 곧 다른 동네로 이사를 가게 되었다오.

당신의 고단한 신세가 가엾고 추위에 떨고 굶주리는 게 안타까워, 새 집이 지어질 무렵 약조를 했소. 검은 머리 파뿌리될 때까지 부모님 봉양하고 자식들 잘 키우자고……. 당신은 내가 출세하기만 바라고 나는 당신이 수태하기만 바라며, 이제부터는 잘 지내리라고 생각했소. 그런데 병이 나아갈 무렵 조리를 제대로 못 해 늦봄에 다시 병이 심해졌소. 그때도 나는 부친의 병환으로 몇 달째 근심에 싸여 겨를없이 지내고 있었기에, 당신은 내가 애태울까봐 아프다는 말도 못 했소. 부친의 병세가 조금 나아지고서야 당신이 아픈 줄 알았고, 이웃집으로 데려와 백방으로 치료를 해봤지만 이미 손쓸 수 없는 지경이었으니, 어찌해야 한단 말이오.

아! 당신이 한번 앓아눕자 인사가 모두 두절되었소. 집에는 장성한 자식도 없고 주변에는 돌봐주는 친척도 없어 나 혼자 당신을 건사하다 보니 제대로 먹이지도 돌보지도 못했소. 정말이지 뭐 하나 한스럽고 후회스럽지 않은 일이 없구려.

더더욱 통탄스러운 것은 의원의 말을 무턱대고 믿어 당신 피부에 계속해서 상처를 내고 뜸을 뜬 일이라오. 그때는 당신을 살릴 수만 있다면 이런 극약 처방이라도 쓰지 않을 수 없어서 그랬는데, 결국 몸만 더 상하고 병은 고치지도 못했구려. 직접 칼을 댄다고 한들 어찌 해독이 이보다 더하겠소. 당신의 고통에 찬 신음소리가 생각날 때마다 내가 잘못 치료한 게 후회스러워 살이 떨리고 뼈가 시리다오. 죽어서 무슨 낯으로 당신을 보겠소. 천지는 끝이 있다 해도 이 한은 끝이 없을 거요.

아! 내가 여러 차례 병을 앓았기에 병에 대해 조금은 알고 있었소. 그런데 유독 당신의 병에 대해서만은 위중한 줄 전혀 몰라 죽음이 바로 코앞에 닥쳤는데도 깨닫지 못했다오. 정신이 나가서 그런 걸까? 어쩌면 그렇게 까맣게 몰랐단 말이오.

아! 당신에게 처음 병이 생겼을 때, 조카 징이의 꿈에 어떤 어른이 나타나 너무도 간곡하게 당신을 살릴 방도를 일러주었다는데, 그 동안 내게 말하지 않고 있다가 나중에서야 이야기해주었다오. 아! 과연 신령님이 당신을 애처롭게 여겨 살리려고 그런 거라면 어째서 내 꿈에 나타나 조기에 치료하게 하지 않았단 말이오. 오랫동안 몸이 축난 것을 생각하면 수명이 단축된 것도 당연한 일이지만, 병에 걸린 이유는 지금도 모르겠소. 당신이 죽고 되돌아 봐도 의구심은 쌓여만 가 마음이 심란해서 안정이 안 되는구려. 영혼이 있다면 어째서 꿈에 나타나 한번 일러주지도 않는단 말이오?

아! 당신은 병든 와중에도 집 짓는 데 온 정신을 다 쏟았소. 덕분에 여러 해 동안 고생하여 집이 완공되었을 때는 병이 너무 깊어져 있었소. 당신은 빨리 새 집으로 이사하여 운명할 때를 기다리고 싶어 했지만, 세속의 금기에 구애되어 그 말을 따라주지 못했소. 임종하던 날 저녁에는 금기를 무릅쓰고라도 옮기려 했지만 짐꾼이 없어서 그러지 못했는데, 당신은 그새 눈을 감아버렸으니, 당신의 한은 갈수록 더해질 듯싶소. 당신을 보내고 얼이 빠진 채 새 집 문에 들어서서 대성통곡하자, 이웃에서 듣고는 슬퍼하며 눈물 흘리지 않는 자가 없었다오. 아! 왜 하필 지금인 거요? 왜 하필 지금인 거요? 당신은 아는지 모르는지…….

아, 당신이 하루아침에 떠나자 모든 일이 끝나버렸소. 평생 살 집을 지어놓고 살아 보지도 못했으니, 사람들이 모두 슬퍼하는구려. 하늘은 아득히 높기만 하고 귀신은 모질기만 하니, 애통해 한들 어디에 닿을 수 있겠소. 텅 빈 방에는 달빛만 싸늘하고, 어두운 마당에는 바람만 스산하오. 지난 기약이 씻은 듯 무너져버려 지금 새 집은 황량하기만 하오. 무얼 보면 화들짝 놀라고 당신이 남긴 자취를 어루만지면 콧날이 시큰해지니, 나 혼자 이 집에 들어와 어떻게 견디겠소. 차라리 불을 질러 잿더미로 만들어 보지 않는 게 나을 것만 같소.

아! 십수 년 세월도 눈 깜짝할 사이라지만, 당신과 내게는 더더욱 꿈결 같소. 아득히 멀리 떨어져 몇 년을 지냈고 한 고장에 살았어도 거의 만나지 못해, 함께 지낸 시간은 10분의 1도 되질 않소. 이렇게 헤어져 있었으니, 사는 게 어땠겠소. 적막한 정동(貞洞)의 쓸쓸한 남쪽 기슭에서 남들은 견뎌내지 못할 고생을 하면서도 당신은 내게 한 번도 그런 내색을 하지 않았으니, 이 역시 사람으로서 하기 어려운 일이오. 이제 와 생각해 보니, 어찌 더 가슴 아프지 않겠소.

아! 당신의 강한 정신력과 다부진 용모로 볼 때 어디에 단명할 징조가 있다 하겠소. 재액이 많은 집안에서 태어나 밤낮으로 근심하고 골육마저 다 잃게 된 데다, 기구하고 못난 내게 우환이 많아 생활이 안정되지 못하고 길에서 방황하다 보니, 함께 지내지도 못하고 제때 치료조차 못 해 이렇게 된 거라오. 가난과 굶주림으로 고생하다 결국 병에 걸려 요절하고 말았으니, 오호통재라! 당신을 이 지경에 이르게 한 것이 내가 아니고 누구겠소. 이것도 당신의 운명인 거요, 아니면 내 불행으로 인한 거요?

누군들 죽지 않겠소마는 당신의 죽음은 누구보다도 원통하고, 세상에 배우자를 잃는 이가 많긴 하지만 나는 유난히 더 슬프다오. 하지만 당신 혼을 위로하지도 못하는데, 내 슬픔을 어떻게 달래겠소. 아! 살아서는 나 때문에 고생했는데 죽어서도 후하게 해줄 수가 없구려.

좋은 묏자리에 당신을 안장하고 싶은 마음에 분주히 알아보고 다니느라 시간이 오래 지나도록 결정을 못 하고 있었소. 그런데 다행히 우리 종가가 터 잡고 살던 송라동(松蘿洞)이 선대의 선영과 아주 가까워 여러모로 편리하고 지세도 괜찮소. 더 깊이 상의하고 요모조모 따져 보다가 좋은 날 좋은 때를 기다려 내년 봄에나 장례를 마무리하려 하오. 만약 더 나은 곳을 얻으면 이장하겠지만, 지금은 우선 이 언덕 한쪽에 임시로 안장을 해야겠소. 장례 지낼 날이 임박했소. 황량한 들판에 사랑하는 이를 묻고 돌아서면 적막한 빈 집에 당신은 언제나 다시 와볼는지……. 오호통재라!

당신이 만약 불행하게도 몇 년 전에 죽었더라면 그때는 정도 지금보다 깊지 않고 어려움도 극에 달하지 않았으니, 내가 이렇게까지 가슴아프기야 하겠소? 당신이 만약 다행히 몇 년 더 살다 갔더라면 아이도 품에서 떠날 정도가 되고 집안도 그런대로 안정되었을 테니, 내가 이렇게까지 가슴아프기야 하겠소? 내가 본래 병이 많아 슬픔과 우환을 겪는 데는 이골이 났는데, 당신을 여의고 난 후론 살아갈 기력이 다 떨어져 얼마나 더 살지 모르겠구려. 앞으로의 일이 슬프기만 하니 행여 좋은 일이 있다 한들 누구와 함께하겠소. 아! 아득한 세상 광활한 대지에 저승문이 한번 닫히자 다시 찾을 길이 없구려. 우리의 인연이 다하지 않았다면 다음 생을 기대해 볼 밖에……. 오호애재라!

내 옷은 큰형수가 건사해주시고 우리 아이는 어머니께서 길러주시니, 당신은 염려하지 마오. 온갖 슬픔과 한을 어찌 다 글로 표현하겠소. 한 차례 통곡하고 술잔을 올리자니 하늘의 해도 흐릿해지는구려. 오호애재라!

🌸 조지겸(趙持謙, 1639~1685)

자는 광보(光甫). 호는 우재(迂齋), 구포(鳩浦). 본관은 풍양(豐壤)이다. 형조참의와 경상도 관찰사를 지냈으며 소론의 중심 인물로 송시열과 대립했다. 이 글의 원 제목은 제망실문(祭亡室文)으로, 문집 『우재집(迂齋集)』에 실려 있다.

정성이 지극하면 이승과 저승도 통하리니

윤봉구

무오년(1738, 영조 14) 5월 27일(무인)에 남편 전 군수(郡守) 윤봉구는 삼가 죽은 아내 영인 박씨에게 고합니다.

해가 바뀌어 당신 제삿날이 다시 돌아오니 슬프기 그지없소. 당신이 세상을 떠나 장례를 지내고 상제를 치를 때까지 못난 나는 어머니 상중이라 글을 지을 겨를이 없어, 단 몇 줄로도 당신에게 영결을 고하지 못했소. 모진 일은 끝나지 않아 모친의 탈상을 마치고 보니, 당신의 궤연은 이미 철거된 뒤였소. 내 감정을 드러내 통곡할 곳도 없어져 한과 슬픔을 품은 채 오늘에까지 이르게 되었다오. 그래서 이번 기제 축문에 따로 약간의 글을 지어 나의 지극한 애통함을 풀어 보려 하니, 헤아려주구려.

아! 당신은 세상 다른 여자들과는 비교도 안 되는 덕행을 지녔지만, 당신처럼 기구하게 산 여자도 드물 거요. 살아 있을 때도 늘 안타까웠는데 죽었으니 어찌 더 애통하고 슬프지 않겠소. 유순함을 부덕이라 하지만 당신은 무턱대고 나를 따르기만 하지는 않았소. 따를 만하면 따르고, 따라서 안 될 일은 의리로 분별하고 부드러운

말로 충고하여 바른 길로 가도록 인도해주었소. 당신의 그 덕성과
식견은 옛말에 이른바 '여선비'라 해도 과언이 아닐 거요. 평상시
잠자리에서 늘 격려하고 경계해준 말들도 대부분 학자로서 제일가
는 사람이 되기를 바란 것들이었소. 내가 못나 당신의 기대에 부응
하지 못했지만, 그래도 결국 선비들과 교유하며 사람들에게 손가락
질 당하지 않게 된 것은 진실로 당신의 내조 덕분이오.

　경인년(1710) 여름에 황강으로 선생님▪을 뵈러 갈 일이 있었는
데, 내가 당신의 병이 위독해 떠나지 않으려 하자 화를 내며 "대장
부가 널리 세상을 유람할 때도 아내 때문에 구애받아서는 안 되거
늘, 스승을 찾아뵙는 것처럼 중요한 일을 저 때문에 그만두려 하십
니까? 그건 진정 제가 바라는 바가 아닙니다"라고 하고는 행장을
꾸려 전송하였소.

　무신년 정변 영조가 즉위하자 위협을 느낀 소론의 이인좌 등이 일으킨
반란 때에도 길이 모두 막혀 바닷길을 따라 임금을 뵈러 달려갔었
소. 당시 당신은 생사의 갈림길에 놓여 있었는데도 전혀 내색을 하
지 않았소. 줄곧 이와 같았으니, 당신에게 어찌 근심하고 그리워하
는 마음이 없어서였겠소. 이는 내가 연연하는 마음을 끊게 하려는
뜻에서였으니, 이 어찌 세상의 말만 많은 여자들이 할 수 있는 바
였겠소.

▪ 당시 수암(遂菴) 권상하(權尙夏)가 지금의 충청북도 제천의 황강에서 제자들을 양성하
　고 있었는데, 필자 윤봉구는 수암의 문인이다.

나는 젊어서부터 은거할 요량이었는데, 세상이 날로 어수선해지자 나이 들면서는 더더욱 벼슬할 뜻이 없어졌소. 당신도 시골로 내려가기를 간절히 바라서 시냇가에 작은 집을 짓느라 함께 온 힘을 다하였소. 곤궁하여 주리는 날이 많아지면서 온갖 일이 다 궁핍해졌는데도 불평 한 마디 하기는커녕 오히려 "이처럼 한가롭게 지내니, 이만한 즐거움이 없습니다"라고 하였으니, 이른바 삼태기를 버려두는 고상한 기풍에 조금의 모자람도 없었소.

　우리 집으로 시집와 38년 동안 극진한 효성으로 부모님을 섬겨, 부모님이 매우 편안해 하셨소. 큰형님은 엄한 분이라 일가 사람들 가운데 당신 마음에 드는 이가 거의 없었는데, 유독 당신에 대해서는 늘 어질다고 칭찬하셨소. 당신은 내 아우와도 친동기간처럼 지내 다른 집의 형수와 시동생 사이와는 달랐소. 숙모는 고금의 일에 두루 식견이 높으셨는데, 당신과 고금의 역사를 두루 논하시며 "여자로는 드물게 말할 만한 상대를 만났다"라고 하셨소.

　신씨 집안으로 시집간 누이와 이씨 집안으로 시집간 사촌 누이는 모두 규중의 여선비라 할 수 있는데, 당신과 마음이 잘 맞아 나이가 들어서도 서로 잘 지냈소. 내 조카와 당신 조카를 모두 곁에 두고 길렀는데, 당신은 그들을 사랑하고 가르치는 데 조금도 차별을 두지 않았소. 이 몇 가지 일만 보더라도 당신의 참된 덕행을 알 수 있소.

　당신은 형제가 없는 데다 나이 마흔이 되도록 아이마저 없다 보니 세상 사는 재미가 없어 늘 "차라리 빨리 죽고 싶지만, 당신을 끝내 자식 없는 사람이 되게 할 수는 없지요"라고 하였소.

아들 심위가 태어나자 당신은 천리마를 얻은 것보다 더 애지중지했는데, 그런 아들을 형님 댁에 양자로 보내게 되었소. 그런데도 당신은 의리와 관계된 일이라 아녀자의 사사로운 감정으로 간섭해선 안 된다고 여겼으니, 이는 내게 비난이 쏟아질 것을 염려해서였소. 그 고상한 식견과 탁월한 안목을 지니고서도 마음속 울화를 풀지 못한 것이 고질병이 되어 끝내 죽어서도 눈을 감지 못했으니, 아! 슬프기 그지없소.

며느리를 얻고는 자질이 훌륭해 가르칠 만하다고 여겨, 시부모를 모시고 하인들을 다루는 법도에서부터 바느질하고 술 빚고 장 담그는 세세한 일까지 가르치지 않은 게 없었소. 천진한 소녀처럼 칭찬하거나 꾸짖는 일이 진심에서 우러나오자 며느리도 시어미와 마음이 맞아 기쁜 마음으로 복종하였소. 남들은 고부간에 이렇게 뜻이 잘 맞는지 몰랐을 거요.

당신은 살림을 맡게 되자 몹시도 기뻐했는데, 그것도 겨우 몇 년에 그쳤으니 당신의 운명이 참으로 기구하구려. 아! 당신은 평생 세상에서 말하는 낙이란 걸 모르고 살았소. 근 40년 동안 가난한 선비의 아내로 해어진 옷을 입고 거친 음식을 먹다가, 늙어서는 질병에 시달려 하루도 건강한 날이 없었다오. 병든 지 1년이 채 못 되어 죽은 데다 의탁할 후사도 없으니, 당신의 운명은 어쩌면 이리도 기구하단 말이오.

그러나 이 모든 것은 말할 것이 못 되오. 낙이라는 건 사람마다

오명현(17세기 말~18세기 중반), 〈노인의송도(老人倚松圖)〉, 18세기, 종이에 담채, 27×20cm, 선문 대학교박물관

다른 것이어서 남들의 화려함이 당신에게 꼭 낙이 되는 건 아니고, 해진 옷과 거친 음식이 당신에게 꼭 낙이 되지 말란 법도 없소. 어지러운 세상을 만나 선비들이 곤욕을 겪고 있는데, 나는 다행히 시골에서 지내며 늙도록 아무 탈이 없으니, 이것도 당신에겐 낙이 아니겠소? 시부모님이 편안하시고 시댁 식구들도 잘 지내니, 이것도 당신에겐 커다란 낙일 거요. 게다가 심위도 뜻을 세웠으니 성취를 기대할 만하고, 그의 처도 가풍을 보전할 만하오. 그러니 당신의 운명에 전혀 흠이 없다고 할 수는 없지만, 세상의 부녀자 중에는 삶이 너무 기구하여 낙이라곤 하나도 없는 이도 많다는 걸 생각하면, 당신의 기구함도 그렇게까지 심한 것은 아닐 거요. 이런 것들로 당신의 혼이 위안 받을 수 있을지 모르겠소.

지루하게 연명하며 궁하게 사는 홀아비가 인생의 무상함과 고락에 대해 어찌 할 말이 없겠소마는, 말해봤자 소용없고 굳이 말할 필요도 없소. 다만 평소에 격려하고 경계하던 말이 귓가에 쟁쟁한데 집안에 상사가 거듭되어 기운이 떨어지고 의기소침해지니, 옛날에 배운 것도 점점 잊어버린다오. 무엇 하나 성취하지 못하고 슬픔과 부끄러움만 더해가는 건 아닐까 걱정스럽소.

지난날 당신은 내게 "제가 죽는다 한들 아들 부부를 위하는 마음이 어찌 살아 있을 때와 조금이라도 다르겠습니까. 영혼에 지각이 있다면 저승에서도 보살필 것입니다"라고 했는데, 과연 전에 말한 것처럼 하고 있는지……. 심위가 허약해 병에 잘 걸리는데 거듭된 화를 당하고도 잘 견디는 것은 당신의 영령이 도와서가 아닐

지……. 장차 심위에게 무슨 일이 생길지 알고 있다면 부디 꿈에서라도 일러주어 영원히 보살펴주오. 정성이 지극하면 이승과 저승이 통하는 것은 당연한 이치요. 지금 하는 말이 거짓이 아님을 영혼은 헤아리구려. 삼가 맑은 술과 여러 가지 음식으로 전을 올리오. 상향.

윤봉구(尹鳳九, 1683~1767)

자는 서응(瑞膺). 호는 병계(屛溪), 옥계(玉溪), 구암(久菴). 본관은 파평(坡平)이며, 시호는 문헌(文獻)이다. 판서 등을 지냈으며, 권상하(權尙夏)의 문인으로 함께 배운 다른 일곱 명과 더불어 강문팔학사(江門八學士)라 불렸다. 이 글의 원 제목은 제망실영인박씨문(祭亡室令人朴氏文)으로, 문집 『병계집(屛溪集)』에 실려 있다.

평생의 의리가 오늘로 끝나니

민우수

정부인 윤씨가 병이 들어 나보다 먼저 세상을 떠나, 을해년(1755, 영조 31) 3월 3일에 영원히 유택에 안장하려 합니다. 2월 25일(기사)에 여흥 민씨 우수는 한식날 별전(別奠)을 올려 영전에 고합니다.

　오호애재라! 옛사람이 부부의 도를 논할 때 '서로 경계하며 완성해가는 것'이라 했는데, 그것이 바로 당신과 내가 여생을 마칠 때까지 그렇게 살려고 애썼던 게 아니겠소. 내 장단점을 당신이 알고, 당신의 장단점을 내가 알았소. 하지만 내게는 단점이 많고 장점이 적어서 당신이 나를 깨우쳐준 일이 많았고, 당신에게는 장점이 많고 단점이 적어서 내가 당신을 깨우쳐준 일은 적었소. 당신과 내가 가치관이 비슷해 머리가 세도록 변함없이 마음가짐을 바르게 가지려 했고, 매사를 의에 맞게 하려 했소. 그런데 이제 당신이 죽었으니, 내가 장차 누구와 그 뜻을 이루어갈 수 있겠소.

　아! 우리가 혼인한 지 이제 48년이 지났소. 많은 세월이 흘렀고 많은 일을 겪었지만, 지난날을 추억하면 바로 어제인 듯하구려. 열

다섯의 나는 미숙함을 면치 못했는데, 나보다 한 살 많은 당신은 제법 성숙했소. 내가 어리석은 행동을 해도 당신은 한결같은 마음으로 존경하며 따라주었소. 이 점이 내가 젊어서부터 당신을 소중히 여긴 이유요.

신축년(1721) 겨울 아버지 상중일 때, 북정의 화[*]가 일어났소. 당신이 숨이 넘어갈 정도로 울부짖으며 쓰러졌다는 말을 듣고, 내가 얼마나 놀라고 마음 아팠는지 모르오. 이후 당신이 친정으로 가 집을 짓고 부모님을 모시게 되었는데, 두 분을 잘 봉양하여 몇 년 새에 병든 부모의 마음을 편케 했다는 말을 나중에야 듣고는 참으로 깊이 탄복했소. 이는 부녀자로서 하기 어려운 일인데, 당신은 그렇게 했소.

친정부모가 모두 세상을 뜨자 다시 내게로 와 단란하게 모여 살게 되었는데, 시골에서 더부살이하며 궁벽한 산골로 떠도는 동안 서로 더 많이 의지하게 되었소.

계축년(1733) 여름 내가 중병에 걸렸을 때, 당신을 보니 항상 당신이 나를 대신해 죽었으면 하는 기색이었소. 그러다 어머니 상을 당해 병이 점점 더 심해지자, 당신은 가난한 살림이지만 고쳐 보려고 온 힘을 기울였소. 당신은 늘 형님께서 성심껏 돌봐주셨다고 했지만 당신이 옆에서 시중드느라 애쓴 것이 어찌 그에 못 미치겠소.

---

[*] 노론 4대신인 김창집, 이이명, 이건명, 조태채를 논핵한 일을 가리킨다. 당시 옥사(獄事)로 민우수의 처남 윤지술이 죽고, 중부(仲父)인 윤진원과 매부인 김광택이 유배되는 화를 입었다.

나는 정사년(1737) 어느 날 한밤중에 갑작스레 발병하여 위독해졌는데, 당시 백겸이는 한양에 가고 당신과 백첨이가 곁에 있었소. 경황 없는 중에도 당신은 병세가 위급하다는 것을 알아 잘 대처했고, 또 백첨이와 함께 살을 베고 피를 내어 입에 넣어주었기에 다시 살아날 수 있었소. 그 후 당신의 팔뚝에 전에 없던 큰 상처가 있는 것을 보고 궁금하여 물었더니, 전에 내가 아플 적에 베어낸 곳이라 하였소. 나는 아무 말도 하지 못한 채, 몸 관리를 제대로 하지 못해 당신에게 이런 못할 짓을 하게 한 것을 부끄러워했소.

나이가 들어 병이 많아지자 당신이 매우 걱정을 했소. 신유년(1741)과 임술년(1742) 사이, 집안에 재앙이 겹쳐 슬픔에 잠기고 분주히 다닌 일이 한두 번이 아니었는데, 그때 당신은 나를 걱정하며 몹시 노심초사하였소. 다만 그 사이에 아이들이 소과에 급제하여 부모님을 기쁘게 해드리는 일이 있었기에 그나마 당신의 마음이 조금은 풀렸소. 그러나 우환이 계속되어 하루도 편할 날이 없었소. 4년 사이에 세 번이나 쓰라린 고통을 겪고 보니, 겉은 멀쩡해도 속은 다 삭았소. 당신은 내가 객지에서 고생할까 염려하면서도 가끔 멀리 영남 지방까지 유람을 갈 수 있게 해주었는데, 이는 내가 좋아하기 때문에 말리지 않았던 거요.

아! 이제부턴 내가 유람하고자 한들 집안에 사람이 없으니, 어찌 쉽게 길을 떠날 수 있겠소. 나갔다가도 다시 돌아온다오. 참으로 이른바 "전에는 외출했다 즐겁게 집에 돌아왔는데, 이제는 돌아와 홀로 상심하네"라는 경우이니, 어찌 슬프지 않겠소.

김홍도, 〈석진단지(石珍斷指)〉, 종이에 담채, 1797년, 22×15cm, 호암미술관

정조 때 발행한 『오륜행실도』중 효자 편 「석진단지」의 삽화로, 조선 세종 때 사람인 유석진이 위독한 아버지의 병을 낮게 하기 위해 자신의 손가락을 자르고 있다. 이후 자신의 뼈를 피에 타서 먹여 아버지의 병은 씻은 듯 나았다고 한다.

아! 당신에게 슬픔이 쌓인 데다 자신을 돌보는 데 너무도 소홀해 병이 생길까 걱정하면, 당신은 그때마다 내가 병에 잘 걸리지 자신은 병이 없는 게 탈이라고 하였소. 나도 당신이 잘 앓지 않아 염려를 놓았는데, 지금 와서 생각해 보면 내가 둔하고 어리석어 당신이 위태로운 지경에 빠졌는데도 제때 구하지 못한 거요. 그러니 누구를 원망하겠소.

사람의 됨됨이는 타고난 천성과 몸에 밴 습관으로 이루어지기 마련이오. 내가 처가에 갔을 적에 장인께서 남달리 자애롭고 이해심이 있으면서도 성품이 곧아 다른 사람의 허물을 용납하지 않으시며, 사리에 통달하여 막힘이 없고, 세상의 권모술수 같은 것은 애당초 모르는 분이라는 것을 알아차렸소. 그런데 당신은 모습과 성정이 장인을 많이 닮았소. 당신의 외할머니인 김씨 부인은 정숙하고 명철한 현부인이었소. 당신을 매우 아끼면서도 가르침에 법도가 있었는데, 평소 당신이 하는 말도 들어 보면 다 훌륭한 덕에서 우러나온 것이었소. 장모도 단정하고 차분한 성품으로 부덕을 잘 갖춘 분이오. 당신은 부모에게 가르침을 받아 경서와 역사서를 대강 섭렵했을 뿐 아니라, 패관잡설에 이르기까지 두루 읽어 식견이 매우 넓었소. 또 여자로서 해야 하는 일도 모두 다 잘 하였소. 친정에서 몸에 밴 것이 이러했기에, 당신은 우리 집에 시집와 시부

■ 중국 당나라 때 시인인 위응물(韋應物)의 시 「출환(出還)」에 있는 '夕出喜還家, 今還獨傷意'라는 구절을 인용했다.

모의 사랑을 듬뿍 받고 친척들에게 환영받았지만 마음속으론 항상 조심하였다오.

부부의 연을 맺어 상투를 틀 때부터 머리가 허옇게 셀 때까지 금슬 좋은 가운데 서로의 마음을 잘 알아주는 즐거움이 있었소. 나는 다른 사람을 대할 때 옹졸하고 지나치게 까다로운 게 문제였는데, 당신은 시원시원하고 솔직했소. 함께 말을 나눠 보면 견해가 매우 명석하고 의론이 전혀 구차하지 않았소. 경서나 역사서에 대해 말을 해도 모두 이해하여, 규문에서 이런 친구를 만난 것을 매우 기쁘게 여겼소. 간혹 형제들과 만난 자리에서 당신이 한 말 가운데 한두 가지 이치에 맞는 말을 전하기라도 하면, 당신은 놀라 어쩔 줄 모르며 아녀자의 말이 집 밖으로 나가서야 되겠느냐며 거론하지 못하게 하였소. 나도 그 말이 맞다 싶어 다시는 언급하지 않았소.

당신은 늘 염치를 중하게 여겼기에 유씨 집안으로 시집간 딸이 이렇게 말한 적이 있소.

"어머니는 '물도 씻어서 마시고 싶어 한다'는 속담에 걸맞은 성품이신데, 집안 식구들이 입고 먹는 것을 어머니께 기대다 보니, 주부로서의 책임감 때문에 살림 형편에 관심을 갖지 않을 수 없었던 거예요. 안타까워요."

아! 내가 이 말을 들으며 웃은 적이 있는데, 나도 똑같은 생각을 하고 있어서였소.

당신은 또 내게 이렇게 말한 적이 있소.

"우리 집에 재물과 곡식을 도와주려는 자가 있으면, 그 전날 밤 꿈에 꼭 똥이 묻은 옷을 입고 어쩔 줄 몰라 하다가 잠시 뒤 옷을 들어 털어버리는 꿈을 꿉니다. 그런데 몸에는 전혀 똥이 묻지 않는 그런 꿈이에요. 먹고사는 문제로 고민하던 중에 이런 꿈을 꾸고 기뻐하는 것은 재물을 얻는 것이 다만 집안 식구들을 위한 것일 뿐, 나 자신을 위해 얻는 것은 없다는 걸 꿈을 통해서도 알 수 있기 때문이에요."

그래서 내가 "옛사람들이 '재물을 얻으려면 똥 꿈을 꾸고, 관직을 얻으려면 관(棺) 꿈을 꾼다' 하였는데, 이른바 재물을 얻으려면 똥 꿈을 꾼다는 것이 당신에게서 증명되었구려"라고 해몽하자 당신도 웃었소.

아! 근래 들어 시속이 날로 사치스러워 시집간 딸과 시집온 며느리들의 씀씀이가 적지 않소. 나는 능력도 되지 않을 뿐 아니라 그러고 싶은 마음도 없어 전혀 관심이 없었소. 만약 당신이 다른 사람들의 입방아를 견디지 못하고 남들처럼 하려 했다면 내가 몹시 난처했을 텐데, 당신은 전혀 그럴 뜻이 없었소. 험담과 수모를 당신 혼자 고스란히 견뎌내면서도 한결같이 내 마음을 편하게 해주려고만 했으니, 이것이 내가 항상 감탄하던 바요. 정자(程子)께서 『역전(易傳)』에서 "가난한 선비의 아내로 본분을 편안히 여긴다"라고 하신 의리에 당신은 부끄러울 게 없을 거요.

아! 아들 백겸이가 죽었을 때도 당신은 내가 보는 곳에서는 지나치게 슬퍼하는 기색을 한 번도 보이지 않았고, 곡을 하다가도 내가 곡을 멈추면 바로 멈추었소. 이는 내가 당신 곡하는 소리를 듣고 마음 상할까 염려해서였소. 아들 잃은 슬픔은 진실로 생사에 달관한 사람이 아닌 한 참으로 견디기 어려운 일이오. 그런데 당신은 내가 있다는 이유만으로 슬픈 감정을 자제하고 평소와 다름없이 말하고 행동하였소. 하지만 자신을 돌보는 데는 더욱 박하고 먹는 양도 더 줄였소. 또 평소 친척들과 이야기 나누는 것을 좋아했는데도 단강(丹江)과 우만(牛灣) 같은 가까운 곳조차 일절 왕래하지 않고, 8년이 넘도록 문 밖 출입을 하지 않았소.

당신은 내게 "나는 요즘 세상 살 마음이 모두 사라져 마음이 담담한 게 마치 수행하는 비구니 같아요"라고 했소. 돌아가신 어머니께서도 만년에 이런 말씀을 많이 하신 것을 볼 때, 당신도 분명 살날이 얼마 남지 않아 이런 생각이 든 것일 텐데, 내가 미처 깨닫지 못하였소.

아! 당신은 내게 늘 "우리가 평생을 몸 부칠 집 하나 없이 더부살이하고 있으니, 언제나 깔끔한 집 한 채 장만해 살면서 아들 손자를 잘 기를 수 있을까요?"라고 하였소. 그때는 이 말을 듣고도 재주가 짧고 생각이 모자라 당신 마음을 헤아리지 못하였소. 연평(延平)▪ 선생께서 "노년에는 쓸데없이 마음 쓰고 싶지 않다"고 하신 말씀에만 마음을 두고, 당신 뜻에 대해서는 마음 쓰지 않았으니, 이것이 한스럽소. 당신은 항상 "이곳은 내 집이 아닌데, 꿈속에서도 항상 여기를 떠나지 않으니, 아마도 내가 여기서 죽을 모양이예요"

▪ 중국 송나라 때 학자이며 주자의 스승인 이동(李侗)의 호다.

라고 하였고, 또 "서(庶)숙모를 할머니 산소 뒤에 묻은 것이 얼마나 다행인지 몰라요. 내가 늘 바라보며 몹시 부러워하고 있어요"라고 한 적도 있소.

사람은 이 세상에 잠시 더부살이하는 것일 뿐, 저승이 영원히 돌아가 쉴 참된 집이오. 이제 내가 조부모님 산소 오른편 얼마 떨어지지 않은 곳에 당신을 묻어 영원히 살 집으로 만들려 하오. 평소 당신이 집 없는 것을 한스러워 한 것은 접어두고, 앞으로는 지하에서 영원히 즐겁게 지내구려.

아! 내가 제사를 모시고부터는 부형이 하시던 대로 제사를 잘 모시려고 나름대로 애썼소. 당신은 그런 내 마음을 잘 헤아려 음식과 술을 정결히 마련하고 제삿상을 보는 데도 정성을 다하였기에 내 마음이 참 편하였소. 당신이 만일 집안이 가난하다는 이유로 난처한 기색을 드러냈다면, 어찌 조상이 흠향하고 내 마음이 편하기를 바랄 수 있었겠소.

이제 당신은 조부모님을 곁에서 모시며 이승에서처럼 기쁘게 해드리고 가르침대로 하여 길이 선조의 사랑을 받을 것이니, 평소 집 한 칸 없었던 것이 한이 될 게 뭐 있겠소.

아! 오늘은 장모께서 세상을 떠나신 날이오. 지난 갑진년(1724)에 장모께 문병 갔을 때 당신은 내게 가까이서 뵐 것을 청하였소. 내가 문 밖으로 나오자 당신은 나를 따라 나오며 병환이 어느 정도인지 물었소. 나는 병세가 위중한 것을 알면서도 차마 그대로 말하지 못하였소. 그리고는 "병세가 중하긴 하지만 당장 위급한 증세는 아닌 듯하니, 놀라지 마시오"라고 마지못해 답하였소. 그러자 당신도 그것이 위로하는 말인 줄 알고 슬퍼하며 안으로 들어갔소.

돌아오는 길에 시를 지었다오.

병든 아내가 걱정스러워
헤어지자니 마음 쓰리네.

그새 32년이나 흘렀구려. 사람의 일이란 게 변화가 많다 보니, 이제 당신도 죽고 없구려. 내가 오늘 당신 영전에 술을 바치며 이 글을 올리자니 몹시 슬프구려. 아! 붓을 들어 당신에게 고하는 글을 지으며 처음에는 가슴 속에 쌓인 회포를 다 터놓으려 했지만, 병중이라 정신이 흐릿하여 자세하게 적기가 어렵구려.

또 생각해 보니, 당신이 항상 『내훈(內訓)』의 '성인의 경전을 대하듯 말을 듣고, 보옥을 다루듯 몸을 소중히 다루라'는 가르침대로 나를 대한다는 것을 알고 있었지만, 간혹 내가 말을 합당하게 하지 못하거나 일 처리를 제대로 하지 못할 때면 드러내놓고 말하지 않아도 개탄스런 기색을 보이곤 했소. 이 점이 내가 당신을 규문의 엄한 친구로 생각하는 이유요. 지금 쓸데없이 지나치게 슬퍼하느라 글이 너무 번잡해지는데도 그칠 줄을 모른다면 당신처럼 현명하고 식견 있는 사람은 내가 생사의 이치에 통달하지도 못하고, 장부의 기상도 없는 것을 안타깝게 여길 것이오.

이제 당신의 한평생을 약간의 글로 지어 인석이에게 쓰게 하려

하오. 당신은 평소 이 손자를 매우 사랑하여 이 아이가 글 읽는 소리를 들을 때면 매우 기뻐했고, 글씨 쓰는 것을 보면 또한 기뻐했소. 나는 이제 많이 늙어 당신과 만날 날도 얼마 남지 않았소. 다만 죽기 전까지 내 신세가 더욱 곤궁해져 누구 하나 의지할 곳 없는 것이 슬플 뿐이요. 아! 발인할 날이 되었으니, 다시 더 말하지 않겠소. 평생 나누어온 의리를 오늘로 끝맺으니, 땅 속까지 사무치는 눈물만 흘릴 뿐이오. 오호애재라! 상향.

🌸 민우수(閔遇洙, 1694~1756)

자는 사원(士元). 호는 정암(貞菴), 섬촌(蟾村). 본관은 여흥(驪興)이며, 시호는 문원(文元)이다. 김창협(金昌協)의 문인으로, 대사헌, 공조참판 등을 지냈다. 이 글의 원 제목은 제망실문(祭亡室文)으로, 문집『정암집(貞菴集)』에 실려 있다.

외로운 몸 어디 하나 의지할 사람 없고

신경

기묘년(1759, 영조 35) 7월 초하루(기유)에 남편 평산 신씨 경은 성대한 전을 올려 죽은 아내 숙인 파평 윤씨에게 슬퍼 고합니다.

오호통재라! 당신은 어째서 나를 버리고 먼저 떠나고, 나는 또 어째서 당신을 잃고도 살아 있단 말이오. 전부터 나는 사람이 싱겁고 경박하여 항상 당신보다 먼저 죽을 거라 생각하였소. 그런 반면 당신은 체질이 강한 데다 성품도 너그럽고 안정되어 늘 나보다 나중에 죽을 거라 여겼소. 그런데 어째서 이와 반대로 된 거요? 사람이 죽고 사는 문제는 이처럼 쉽게 헤아릴 수 없으니, 참으로 알 수 없구려.

당신은 전에 내게 "우리가 둘 다 늙었으니, 누가 먼저 죽는다 하여 지나치게 슬퍼하는 것도 소용없는 일이고, 미사여구로 뇌문(誄文)을 짓는 것도 진실하지 못한 일입니다"라고 하였소. 이치에 통달한 그 말이 내 마음에 남아 있으니, 내가 당신을 곡하며 어찌 차마 소용없는 일과 진실하지 못한 말로 당신의 영혼을 상심케 할 수 있겠소. 그러나 원통하고 서글픈 심정을 가누기 어려워 대략이나마 내 심정을 펴서 고하지 않을 수 없구려. 오호통재라!

당신은 친가와 외가가 모두 장수하는 집안이라 할아버지와 아버지 두 분 다 고희가 넘도록 장수하셨고, 외할아버지와 외할머니, 그리고 친정어머니 모두 여든을 넘기도록 사셨소. 손위 처남도 일흔을 넘어 여든을 바라보는데, 당신은 바로 그런 집안의 막내라오. 성품이 침착하고 근력도 강해 장수할 법한데 혼자만 일흔도 못 채웠으니, 원통하고 슬픈 내 심정이 어찌 끝이 있겠소. 오호통재라!

당신이 앓은 병도 본래 위독해서 죽을 병이 아니었소. 가슴 속 묵은 병이 하나고, 추웠다 더웠다 하는 학질이 하나였소. 묵은 병은 전부터 아팠다가 좋아진 게 부지기수였고, 학질은 그 병으로 죽기까지 했다는 말은 들어본 적이 없소. 아픈 뒤로는 지병과 학질이 번갈아 일어나, 학질을 치료하자니 지병이 걸리고 지병을 치료하자니 학질이 걸려, 실로 이러지도 저러지도 못하였소.

늙으면 우선 원기부터 북돋워야 하는데, 내가 평소 의술에 무지했고 의원도 제대로 임기응변을 못 하였소. 속수무책으로 어쩔 줄 몰라 허둥대다 잠깐 사이에 병세가 악화되었소. 가래가 끓어오르고 기가 막혀 더 이상 어쩌지 못했고, 약도 이미 때를 놓쳐 소용없게 되었소. 결국 당신은 치료도 제대로 받지 못하고 죽고 말았소. 죽은 당신의 통한이야 이루 다 말할 수 없겠지만, 원통하고 슬픈 내 심정도 어찌 끝이 있겠소. 오호통재라!

당신은 임종할 적에 가래가 끓고 숨이 가빠지며 맥이 잡히지 않았고, 목이 막혀 목소리가 나오지 않고 말도 명료하지 않아 곁에 있

는 사람에게 한두 마디 유언도 하지 못했소. 평소 차분하고 식견이
고상한 당신은, 누구나 죽게 마련인 이치에 대해 연연하거나 슬퍼
하지는 않았을 거요. 그러나 사람이 죽을 때면 그 말이 선한 법인
데, 나 자신이나 자손들 그리고 당신 죽은 뒤의 일에 대해 어찌 경
계하고 훈계하고 부탁할 일이 없었겠소. 그런데도 아무 말도 남기
지 못했으니, 이 어찌 당신에게 한이 되지 않겠으며, 살아 있는 사
람에게 지극한 아픔이 되지 않겠소. 그러니 원통하고 슬픈 내 심정
이 어찌 끝이 있겠소. 오호통재라!

자신이 올해 세상을 뜨게 될 줄 당신은 꿈에도 생각지 못했고,
나 역시 오늘 당신을 곡하게 될 줄 생각지도 못했소. 당신이 세상을
뜬 것이 과연 어길 수 없는 천명인 거요? 아니면 인사(人事)에 무
슨 잘못이 있어 이렇게 된 거요? 당신이 본래 허약하긴 했지만 원
기가 아직 다 사그라지지 않았고, 근력도 아직 남아 있었소. 비록
지병으로 해마다 한두 차례 신고(辛苦)를 치르긴 했지만 미리 준비
해놓은 약을 써서 효과를 보기도 하여 그 덕분에 조금은 버틸 수 있
었소. 아들아이도 당신의 원기가 점점 떨어지는 것을 염려하여 해
마다 생맥산(生脈散, 원기가 부족하고 식욕부진에 숨이 차고 맥이 약한
경우 쓰는 약), 보중익기탕(補中益氣湯, 폐결핵이나 늑막염 등으로 피
로하고 미열이 나며, 땀이 많이 나고 식욕부진으로 여위는 경우 쓰는 약)
등 약제를 어렵사리 지어올려 그 힘으로라도 연명하기를 바랐으니,
그 정이 측은하오. 이제 지병을 고치려 약재를 다루던 도구들은 그
대로 남아 있는데, 당신은 뜻밖에 작은 병이 파고들어 갑자기 죽었

으니, 원통하고 슬픈 내 심정이 어찌 끝이 있겠소. 오호통재라!

평소에 당신은 나를 어찌 대하였소? 나를 어리석고 못났다고 여기지 않고 항상 공경하였고, 시종일관 변함없이 정의(情義)가 두터워 우리는 죽을 때까지 함께하리라 기약했소. 그런데 지금 헌신짝 버리듯 떠나 나 홀로 이 세상에 남았으니, 내가 어떻게 살아갈 수 있겠소. 부모 형제를 잃고 괴롭고 외로워 죽고 싶은 지 오래되었고, 때를 잘못 만나 나라의 환란을 걱정하며 죽고 싶은 지 오래되었고, 문벌이 수모를 당해 세상과 시대에 분개하며 죽고 싶은 지 오래되었소. 근래에는 딸까지 잃어 슬픔으로 속이 타들어가는 듯해 빨리 죽고만 싶었는데, 어쩌자고 아직까지 죽지 않고 있다가 당신이 죽는 것을 본단 말이오. 이렇게 되니, 또 늘그막 한 시절 해로하며 복을 누릴 일도 영영 글러버렸소. 그러니 원통하고 슬픈 내 심정이 어찌 끝이 있겠소. 오호통재라!

아버지 말씀을 통해서도 당신의 덕행이 매우 훌륭하다는 것이 과장이 아님을 알 수 있소. 처음 당신이 시집왔을 적에 아버지께서는 당신의 마음과 행실이 단정하고 곧은 것을 보고 매우 기뻐하셨소. 그리고는 어리석은 나를 가엾게 여겨 당신에게 바로잡아주라고 하셨소. 당신은 이 말씀에 유념하여 나의 언행을 살펴주었소. 언제 어디서나 잘못을 바로잡아주고 충고해주었으며, 학문에 힘쓰도록 격려하며 사회에 죄를 짓는 일이 없게끔 해주었소. 당신은 종신토록 이것만 걱정했지, 내가 집안을 다스리고 생계를 꾸려가는 데 서툰 것에 대해서는 조금도 한스러워한 적이 없었소. 당신 혼자 고생하며 부지런히 생계를 꾸려나가, 빈객을 맞고 제사 지내는 일부터 자잘한 일들에 이르기까지 노심초사하며 온 힘을 다해 집안을 돌보았소. 곤궁한 가운데서도 조금도 원망하지 않았고, 험난하고 쪼들려도 조금도 신세를 한탄하지 않았소. 내가 구차한 일을 할 듯하면 행여 놓칠세라 다급히 말렸소. 아버지께서도 그러한 줄 아시고 내게 "너에겐 이 아이가 규문의 유익한 벗이다"라고 하셨소. 이렇게 나는 우리 집안의 모든 일을 당신이 주선하고 변통하도록 맡겨두고 따로 마음 쓰지 않았는데, 하루아침에 이렇게 되고 보니, 두 팔을 잃은 것보다 더 불행하구려. 그러니 내가 원통해 하고 슬퍼하는 것이 어찌 끝이 있겠소. 오호통재라!

당신의 운명도 참으로 기구하지만, 내 운명은 당신에 비해 더욱 기구하다오. 당신은 내게 시집와서 50여 년을 한결같이 근심걱정하고 고생하느라 이른바 유복하고 영화로운 광경은 보지도 못하고 죽었소. 그렇긴 해도 당신은 만년에 과부가 되는 불행은 면할 수 있었잖소. 나는 결국 홀아비가 되어 배가 고파도 밥을 줄 사람이 없고, 추위도 따뜻하게 해줄 사람이 없고, 제사 때에도 맡아 해줄 사람이 없소. 벗을 만나도 상을 차려줄 사람이 없고, 병이 들어도 돌봐줄 사람이 없고, 우환이 있어도 함께 나눌 사람이 없소. 잘못이 있어도 바로잡아 달라 할 곳이 없고, 책을 보다 의문이 나도 풀어줄 사람이 없고, 어려운 일을 만나도 해결해줄 사람이 없소. 외로운 몸 어디 하나 의지할 사람이 없고, 힘들고 곤궁해도 하소연할 사람이 없소. 사는 게 이 모양이니 무슨 재미가 있겠소. 그러니 원통하고 슬픈 내

新堂亞聖高泥青雨外花風香北椰

작자 미상, 〈화조도(花鳥圖)〉, 비단에 채색, 21.9×23.8cm, 서울대학교박물관 심정이 어찌 끝이 있겠소. 오호통재라!

　당신의 공덕은 이루 다 헤아릴 수 없는데, 나는 당신의 공덕을 반 푼어치도 갚지 못했구려. 이는 내가 궁핍하고 늙은 데다 재주도 없어 입신양명하여 집안을 세울 방법이 없어서라오. 그러니 달리 할 말이 있겠소. 다행히 자식들이 손자를 낳으면 그 봉양을 받는 것으로나마 당신이 선을 행한 보답을 받으려 했는데, 어째서 그것마저 될 수 없는지······. 아이가 부지런히 학문에 힘쓰기에 언젠가 때가 되면 효도하리라 여겼는데, 따뜻한 사랑에 보답하기도 전에 어미가 세상을 떠나 지금 빈소에 엎드려 눈물만 줄줄 흘리며 슬퍼하고 있소. 시집간 딸은 시댁 식구들과 화목하게 지냈으니, 이는 진실로 어버이를 기쁘게 하는 일이오. 그런데 멀리 떨어져 살아 오래도록 만나지 못하며 슬퍼하다 끝내 다시 만나지 못하고 당신보다 먼저 세상을 떠났으니, 이 또한 무슨 일이란 말이오. 나는 전에 내가 먼저 죽은 뒤 병약한 자식들이 거듭 상을 당하면 당신이 상중의 쓸쓸함을 어떻게 견뎌낼까 걱정했소. 그러니 내가 죽고 싶어도 죽지 못하고, 당신이 먼저 죽어 아이가 차마 못 볼 꼴을 하고 있는 모습을 보게 될 줄 어찌 생각이나 했겠소. 이런 지경이니, 당신 죽음을 슬퍼할 겨를도 없이 당신이 훌쩍 떠난 것이 부럽기만 하구려. 그러니 원통하고 슬픈 내 심정이 어찌 끝이 있겠소. 오호통재라!

　사람이 세상을 살면서 살아도 즐거울 게 없고 죽는 게 더 편할 때가 있는데, 내가 바로 그런 경우요. 꼭 살아야 할 이유도 없고 그저 빨리 죽는 게 낫소. 당신은 속세의 번뇌를 다 털어버리고 즐거운 마음으로 친정부모님과 시부모님을 모시며 부모 자식 간의 지극한 정을 잇고 있을 거요. 또 먼저 죽은 딸자식과도 만나 즐겁게 이야기하고 있을 것이니, 내가 살아 고통스러워하며 죽고 싶어도 죽지 못하는 것보다 낫지 않겠소. 그러니 원통하고 슬픈 내 심정이 어찌 끝이 있겠소. 오호통재라!

지난날 당신과 내가 죽서(竹西)의 고향집에 있을 때, 사시사철 밤낮으로 마주 앉아 마음을 터놓기도 하고, 아이를 가르치기도 하고, 책을 베껴 쓰기도 하고, 그림을 보기도 하고, 달을 바라보기도 하고, 꽃을 감상하기도 하고, 술을 마시기도 하고, 투호도 함께 하며 즐겁게 지내느라 세월 가는 줄 몰랐는데, 이제 어떻게 다시 그럴 수 있겠소. 당신의 눈썹과 눈, 입과 귀, 음성과 웃는 모습, 그리고 지향하던 것과 좋아하던 것, 충고해주고 경계해준 말을 언제나 간직하고 있으니, 어떻게 잠시라도 잊을 수 있겠소.

나는 조만간 고향으로 내려갈 참인데, 당신은 살아서 떠났다가 죽어서 돌아가는 사람이 되었구려. 지난 일을 뒤돌아보니 모두가 옛 일이 되고 말았소. 내 슬픔을 누가 위로해주겠소. 나는 이제 하늘을 떠도는 새처럼 정처 없는 신세가 되었구려. 그러니 원통하고 슬퍼하는 마음이 어찌 끝이 있겠소.

성대한 전을 베풀어놓고 대략 나의 회포를 푸는데, 전은 마음에 차지 않고 글로는 마음을 다 표현할 수 없구려. 눈물 흘리며 목이 메도록 통곡할 뿐이오. 오호통재라! 상향.

신경(申暻, 1696~1766)

자는 명윤(明允). 호는 직암(直菴). 본관은 평산(平山)이다. 김간(金榦),
이희조(李喜朝)의 문인이고, 박세채(朴世采)의 외손이다. 호조참의에 있을
때 외조부인 박세채의 문묘종사(文廟從祀)를 주장하다 벼슬에서 쫓겨나기
도 했다. 이 글의 원 제목은 제내자숙인윤씨문(祭內子淑人尹氏文)으로, 문
집 『직암집(直菴集)』에 실려 있다.

늙은이 혼자 살아남아 무엇으로 마음을 달래리

이상정

아! 내가 숙인과 부부가 된 지 42년이 되었소. 처음 장가들었을 때 장인어른께서는 이미 돌아가시고 장모만 살아 계셨고, 당신이 우리 집에 시집왔을 때 아버지만 살아 계셨소. 그러니 양쪽 집안의 슬픔과 기쁨이 대략 같았소. 그런데 얼마 뒤 아버지마저 돌아가시고 다시 3년이 지나 장모마저 돌아가셨으니, 그 후로는 가엾게도 세상에 의지할 사람이 없게 되었소. 그래도 부부간의 정은 머리가 세도록 젊은 시절 못지않게 돈독하여 함께 여생을 보내며 행복하게 살기를 바랐으니, 일이 갑자기 이렇게 될 줄 어찌 생각이나 했겠소.

시집와서 3~4년 동안 부끄러워 얼굴도 들지 못하고 방에서도 손님 보듯 하여 부부간에 정이 없는 게 아닌가 의심하는 사람도 있었소. 그러나 그건 우리의 애정이 깊은 줄을 모르고 하는 말이었소.

나는 젊어서 대부분의 시간을 산방과 학사에서 공부하며 지내느라 집안 일은 돌보지 못했소. 그러다 보니 당신 혼자 쓸쓸히 주림을 참고 가난을 견디며 오직 부지런히 옷감을 짜고 바느질을 하였소. 효성스럽고 공경스럽게 시어른을 섬기고, 동서 간에는 화목하게 잘 지내, 이런저런 말이 많아도 일절 따지지 않아 집안에는 다투는 말이 오가지 않았다오.

한번은 당신이 한숨을 쉬며, "깊은 산골에 작은 떳집을 짓고 당신은 나무하고 나는 물 길으며 조용히 노년을 보내는 게 소원이예요"라고 했지. 아! 이는 환소군과 맹광의 뜻인데, 내가 무능해 그렇게 해주지 못하고 시끌벅적한 골목 안에서 살게 하였소. 내가 못나 당신의 그 고아한 뜻을 이루어주지 못했으니, 몹시 부끄럽구려.

내가 젊어 여색을 가까이한 적이 있는데, 처음에는 당신도 모르는 척하다가 얼마 지나 찬찬히 말하기를, "남자가 젊은 시절 이런 일 있는 것쯤이야 이상할 것도 없다지만, 다만 군자로서 품위를 잃을까 염려스럽습니다. 정 그럴 마음이 있다면 따로 소실을 들여 곁에서 모시도록 하는 게 어떻겠는지요?"라고 하였소. 그 말에 부끄러워 감히 다시는 창피한 행동을 하지 않았소. 이제까지 타락하지 않은 것도 당신 덕이라 하겠소.

당신은 서른다섯에야 아들 하나를 두었으니, 그 애틋한 정은 알 만하오. 그런데도 사사로이 감싸지 않고 조금이라도 잘못이 있으면 회초리를 아끼지 않아, 아이가 아비만 따르고 어미가 사랑하는 줄 몰랐소. 내가 늘 그것을 부끄럽게 여기면서도 고치지 못했소.

아이가 자라 아내를 맞았는데 신부의 성품이 공손하고 유순하며, 손자 손녀도 생겨 눈앞에서 장난치며 논다오. 엿을 입에 물고 재롱이나 보면서 늘그막의 즐거움을 삼으려고 했는데, 지난해 여름에 작은 손자가 두창을 앓다 죽고, 초겨울에는 큰형님께서 세상을 떠나셨소. 참담하게 가슴아파하던 차에 당신이 병들었는데, 내가 감기를 심하게 앓느라 조석으로 보살피지 못하는 사이 점점 손쓸 수 없게 되었소. 아! 백년가약을 해놓고는 하루아침에 이렇게 멀어졌으니, 늙은이 혼자 살아남아 무엇으로 마음을 달래겠소. 당신이 죽은 다음날 당숙이 세상을 뜨시고, 또 얼마 안 가 조카와 질부가 차례로 죽어 한집안에 줄초상이 났으니, 목석이 아닌 이상 어떻게 견딜 수 있겠소. 나는 상을 치르고 점점 더 쇠약해져 세상 살 날도 얼마 남지 않았소. 하지만 저승에서 당신을 만나 슬퍼하지 않을 날이 무궁할 테니, 한탄할 게 또 뭐 있겠소.

동래(東萊) 남쪽은 산이 둘러 있고 물이 돌아 흐르는 명당 자리라서 당신 영혼이 여기서 편안히 지낼 거요. 그 아래를 보아두었다가 훗날 내가 묻혀 당신의 혼이 외롭지 않게 하리다. 장례 지낼 때는 슬퍼서 글을 짓지 못하다가 이제 열세 달이 다 되어 대강이나마 몇 마디 말로 나의 마음을 펴 본다오. 아! 못다 한 말과 끝없는 정을 영혼은 묵묵히 돌아보시길⋯⋯.

🌼 이상정(李象靖, 1711~1781)

자는 경문(景文). 호는 대산(大山). 본관은 한산(韓山)이며, 시호는 문경(文敬)이다. 형조 참의를 지냈으며, 이재(李栽)의 외손이자 문인이다. 남인 학자로 퇴계의 학통을 이어 많은 학자를 길러냈다. 이 글의 원 제목은 제망실숙인황씨문(祭亡室淑人黃氏文)으로, 문집 『대산집(大山集)』에 실려 있다.

쌓인 슬픔에 몸이 허물어져가니

임희성

계사년(1773, 영조 49) 7월 20일(정축) 상주로 있는* 남편 임희성
은 며느리에게 제구를 갖추게 하고 머리를 조아려 통곡하며 술잔을
올려 죽은 아내 숙인 의령 남씨의 영전에 고합니다.

아! 숙인이여, 옛말에 감정이 극에 이르면 글을 지을 여유가 없
고, 고통이 심하면 음성을 가다듬을 겨를도 없다 하였소. 당신의 상
을 당한 지 1년이 다 되어가는 지금, 돌아가신 어머니의 모습은 점
점 더 멀어져가고, 당신의 음성은 아주 사라져버렸구려. 마주한 상
청에 하루 네 번 곡을 하니, 하늘이여, 하늘이여, 제가 하늘에 무슨
죄를 지었기에 이 지경까지 이른 것입니까? 가슴 속에 쌓인 응어리
를 품고 나도 당신에게 가서, 정신없이 가슴이 무너지고 뼈가 깎이
는 듯한 고통을 모두 하소연하고 싶소. 하지만 차마 붓을 들지 못하
고 차마 말로 하지 못한 지가 오래되었구려. 저승과 이승이 떨어져
있지 않으니, 당신의 영혼도 지하에서 지켜보며 탄식할 거요.

* 임진년(1772) 8월 모친상을 당하고, 같은 해 9월 부인상을 당했다.

아! 숙인이여, 못난 나는 생계를 꾸려가는 데도 서툴러 먹고 입는 문제로 어머니께 늘 걱정만 끼쳐드렸는데, 결국 효도를 못 해 털끝만큼도 은혜를 갚지 못하였소. 어머니가 돌아가신 뒤로는 가슴을 치고 원통해 하며 더 이상 살고 싶은 마음이 없었소. 바라는 게 있다면 그래도 당신과 함께 살림 형편에 맞게 공경히 제사를 올리며 이 목숨 마칠 날을 기다렸다가 저승에 가서 나란히 절하는 것이었소. 그러니 얼마 지나지 않아 재앙을 만나 당신이 나의 외로움은 아랑곳하지 않고 나의 곤액(困厄)을 생각지도 않은 듯 아주 훌쩍 떠나버리게 될 줄은 생각도 못 했소. 하늘이여, 하늘이여. 이는 내가 죄가 많아 불러들인 것이니, 무슨 할 말이 있겠소. 무슨 할 말이 있겠소.

아! 숙인이여. 당신의 맑은 마음과 옥같이 은은한 절조는 효성스럽고 우애로우며 겸손하고 삼가는 행실로 드러났소. 평소의 아름다운 행실에 대해서는 내가 이미 묘지에 대략 적었소. 우리 두 사람의 마음이 서로 잘 통하니, 나를 두고 빈 말이나 하고 과장되게 꾸미는 사람이라 여기지는 않을 거요.

나와 당신이 한집에서 50년을 함께 살았으니, 어찌 두 사람이 한몸으로 합해진 정의(情誼)만 있겠소. 잠자리에서는 벗처럼 나를 일깨워주었고, 상을 당해서는 나를 위로해주었소. 일마다 격려해주고, 질책을 해야 할 일일수록 더욱 공경스런 태도로 대해 내 잘못을 많이 지적해주었으며, 나의 장단점을 다 알고 있었소. 그러니 지금 당신을 곡하는 것이 어찌 일부러 지나치게 슬퍼하는 것이겠소. 지기를 잃은 슬픔과 애통함은 늘 저절로 우러나오는 것이라오. 이런 경우 어떻게 마음을 먹어야 가장 잘 잊을 수 있는 것인지 모르겠구려.

아! 당신은 지난 해 봄 회갑을 맞아 내게 "천도나 인사나 모두 막힐 때가 있으면 통할 때가 있지요. 우리 부부가 이제까지 겪어온 일을 돌아보면 운이 없었던 것 같아요. 그러니 하늘이 화를 내린 것을 후회하여 죽기 전에 우리 두 사람이 마주하고 늘그막에 손자나 보며 엿이나 녹여 먹는 즐거움을 조금이나마 누릴 수 있게 해준다면 소원이 없겠어요"라고 하였소.

아! 당신의 말은 요행을 바란 것도 망령된 생각을 한 것도 아니니, 하늘이 그 소원을 들어주어야 하거늘, 어찌하여 이렇게 기대를 꺾고 황급히 생사를 갈라놓은 것인지. 천리의 어그러짐과 조물주의 혹형이 이렇게 지독하고 잔인한 거요? 이제 손자 아계가 우리 이상(履常, 임희성의 큰 아들. 스물넷의 젊은 나이로 죽었다)이의 대를 이어 묵동과 회동 두 마을을 계속 왔다 갔다 하고 있소. 그러나 당신이 죽고 없으니 엿이 있고 손자가 있은들 누가 먹으며 누가 즐거워하겠소. 몹시 애통하고 너무도 원통하오.

아! 숙인이여. 정원 땅에 묻히기로 한 것은 당신이 살아 있을 때 정한 일인데, 산소를 쓰면서 그 오른편은 훗날 내가 묻힐 땅으로 비워두었소. 상을 당하고도 모질게 살아남아 바로 죽지는 않고 있지만, 쌓인 슬픔에 몸이 허물어져가니, 이 세상에 살면 얼마나 더 살겠소. 마치 속이 빈 나무가 바람을 만나면 꺾이는 것과 같으니, 길어야 7~8년이고, 짧으면 몇 달 사이일 거요. 당신과 떨어져 있을 날은 얼마 안 되고 함께할 날은 무궁할 것이니, 달관한 사람의 입장에서 보면 먼저 가느냐 나중에 가느냐 하는 차이일 뿐이오. 그러나 하염없이 눈물이 흐르고 목이 쉬는 것은 어째서 그런 것인지……. 나도 알 수 없구려.

아! 숙인이여. 거상(居喪) 기간이 참으로 순식간에 흘러갔구려. 당신이 죽은 지 벌써 열한 달이 지났소. 예를 아는 집안에선 이런 경우 아내를 위해 기년복을 입은 이들이 모두 연복(練服, 연은 삼베를 마전하는 것으로, 소상 후부터 담제 전까지 입는 상복)으로 갈아입고 삼년상의 예제를 갖추도록 하는데¹, 옛 경전의 주소(註疏)를 상고해 봐도 그래야만 한다는 내용을 찾을 수 없었소. 그래서 우선 세속에서 하는 대로 전을 올리고 아들 며느리와 손자만 예제대로 상복을 갈아입게 하고, 나는 마치려 하는데, 당신은 아는지 모르는지.

아! 숙인이여, 당신이 이것을 알든 모르든 나는 늙어 의지할 데가 없으니, 몸은 집에 있어도 객이나 다름없구려. 더구나 아들 지상이는 병약해 잘 견뎌내지 못할까 근심스럽고, 과부가 된 며느리와 과부가 된 딸은 특히나 더 불쌍하다오. 당신이 이 말을 듣는다면 안쓰러워하는 마음이 들지 않겠소.

■ 모친상은 삼년상인데, 아버지가 살아계실 때는 기년복을 입는다. 다만 삼년상의 형식을 갖추기 위해 돌아가신 지 만 1년을 전후하여 한 달 전인 11개월까지는 생포로 된 상복을 입고, 11개월이 되면 연복으로 갈아입고, 12개월이 되면 대상을 치른다. 당시 아들뿐만 아니라 남편도 아내에 대해 이런 예제를 갖추는 일이 있었던 것을 말한다.

작자 미상, 《평생도》 중 〈회갑(回甲)〉, 20세기,
종이에 채색, 110.2×51.5cm, 국립중앙박물관

돌아가신 부모님이 곁에 계시고 어린 네 아들이 둘러앉아 있을 것이니, 지하에서 단란한 즐거움을 누리는 것이 과연 인간 세상에서보다 낫소? 어째서 내게만 끝없는 슬픔과 고통을 모두 넘긴 채 두 눈을 감고 돌아보지 않는 거요. 세세한 번뇌와 슬픔을 말하자니 참으로 자질구레하지만, 그래도 차마 말하지 않을 수 없구려. 당신의 몸은 비록 죽었지만 정신은 어둡지 않을 거요. 정신이 어둡지 않다면 꼭 내 정성을 애달피 여기고 내 말을 불쌍히 여기구려. 애통하구려. 아! 숙인이여. 상향.

🌸 임희성(任希聖, 1712~1783)
자는 자시(子時). 호는 재간(在澗), 간옹(澗翁), 정수거사(靜修居士). 본관은 풍천(豊川)이다. 효릉참봉과 직장을 지냈으나, 벼슬에 뜻이 없어 사직하고 학문에 힘썼다. 이 글의 원 제목은 제망실문(祭亡室文)으로, 문집 『재간집(在澗集)』에 실려 있다.

외로운 학이 달 아래서 울고

정경부인 동래 정씨의 상여를 12월 18일(계축) 천안 일봉산(日峰山) 아래 안장할 예정입니다. 영구가 먼 길을 떠날 날이 잡혀 상여 끈을 풀 날이 가까웠지만, 남편 풍산 홍씨 양호는 병이 들어 상여를 호송해 장지에 갈 수 없는 형편입니다. 이에 4일(기해)에 삼가 맑은 술과 조촐한 제수를 갖춰 영전에 곡하며 영결합니다.

아! 부인과 내가 만난 지 이제 55년이 되었소. 그 동안 온갖 어려움과 고초를 두루 맛보았고, 슬픔과 기쁨을 함께하였소. 팔순이 다 된 나이에 서로 의지해 살아가다 이렇게 갑자기 나를 버리고 가 버렸으니, 어떻게 견딜 수 있겠소. 오호통재라!

지난 가을과 겨울, 나는 중병에 걸려 해를 넘기도록 사경을 헤매어 부인에게 깊은 심려를 끼쳤소. 다행히 천지신명이 굽어살펴 다시 이렇게 사람 꼴을 하고 있는데, 부인은 하루아침에 먼저 가버려 도리어 나를 슬픔에 싸이게 하는구려. 남들은 부인이 복을 온전히 누렸다고 하지만 나는 당신이 불행히 가버린 것이 슬프기만 하구려. 오호통재라!

홍범구주(洪範九疇, 정치와 도덕에 관한 9조목의 기본 법칙. 우禹 임
금이 요순堯舜 이래의 사상을 정리해 집대성했다)에서는 사람에게 5복
이 있다 하였소. 부인은 일흔다섯이 되도록 살았으니, 첫 번째 복인
'수'를 누렸다 하겠소. 집안이 크게 가진 것은 없지만 40여 년간 국
록을 먹었으니, 두 번째 복인 '부'를 누렸다 하겠소. 평생 아픈 데도
없고 늙도록 시력도 청력도 쇠하지 않았으니, 세 번째 복인 '건강'
을 누렸다 하겠소. 정숙한 용모와 단아한 절조, 은혜로운 성정까지
지녀 친척들이 다들 효성스러움과 화목함을 칭찬하고 이웃 사람들
까지 모두 당신의 검소함에 감복하고, 종들도 자애로움에 감격하였
으니, 네 번째 복인 '훌륭한 덕성'을 지녔다 하겠소. 임종하는 날에
도 평소와 다름없이 먹고 자다가 갑작스레 운명하였으니, 다섯 번
째 복인 '편안한 죽음'을 얻었다 하겠소. 5복을 모두 누리는 것은
사람들의 지극한 바람인데, 게다가 금슬 좋게 해로하고 자손들까지
슬하에 가득하니, 그만한 복에 견줄 자를 찾기 어려울 거요. 그러니
더 무슨 여한이 있겠소.

어떤 사람은 더러 회혼(回婚)에서 두 해를 못 채우고, 장손의
회시(會試)를 몇 달 앞두고 운명한 것이 당신의 여한이 될 거라고
말하기도 하지만, 이는 사람들 생각이지 운명을 주관하는 분께 어
찌 이런 것까지 갖춰주기를 요구하겠소. 다만 내가 백발의 늙은이
로 혼자 남아 방에 들어가도 함께 이야기할 사람이 없고, 밥상을 앞
에 놓고도 함께 마주 앉을 사람이 없고, 손자들이 앞에서 재롱을 부
려도 함께 웃을 사람이 없으니, 이런 것이 살아 있는 나로서는 잊기

힘든 애통함이구려. 마치 외로운 학이 달 아래서 울고, 짝 잃은 기러기가 구름 속에서 울면 듣는 사람도 처연히 슬퍼지고 먹먹하게 가슴 아린 것과 같다 하겠소. 나는 반려도 없이 혼자 우두커니 앉거나 쓸쓸하게 거닐고 있으니, 긴긴 여름 낮과 겨울밤을 어떻게 지내며 여생을 보내야 할지⋯⋯. 아! 슬프구려. 오호통재라!

🌸 **홍양호(洪良浩, 1724~1802)**

자는 한사(漢師). 호는 이계(耳溪). 본관은 풍산(豐山)이며, 시호는 문헌(文獻)이다. 심육(沈鏑)의 문인이다. 대사헌, 평안도 관찰사, 이조판서 등을 지냈고 학문과 문장에 뛰어나 『영조실록(英祖實錄)』 등의 편찬에 참여했다. 이 글의 원 제목은 곡망실정경부인문(哭亡室貞敬夫人文)으로, 문집 『이계집(耳溪集)』에 실려 있다.

두 사람의 슬픔이 네 한 몸에 모여들어

유언호

정부인 민씨가 죽은 지 22일째 되는 5월 초하루(계묘)에 조전(朝奠)을 올립니다. 그 사이 보름이 지났지만 『가례(家禮)』대로 별전을 행하지 않다가 이제야 비로소 고기와 생선과 면과 밥을 올립니다. 빈소를 차리고부터 장례를 치르기 전까지 성대한 제사를 지내는 것은 오늘 하루뿐이어서, 술을 따른 뒤에 제문을 지어 흠향하기를 권합니다.

아! 사람들은 누구나 요절하는 자식 하나 없이 해로하고, 생활도 윤택하고 뜻한 바대로 일이 이루어지는 결혼 생활을 바라지만, 실제로 그렇게 되기란 쉬운 일이 아니오. 그런데 우리는 결혼한 지 43년 동안, 다행히도 이 네 가지를 모두 가졌소. 세상에서 천수를 누리도록 해로하며 복이란 복은 다 누린 사람이 본다면 이런 것도 별 거 아닐 거요. 하지만 평생 별 볼 일 없이 살아온 나로서는 아주 만족스럽고, '복도 많다'는 남들의 말도 맞다고 본다오.

더구나 우리는 서로를 일깨워주며 완성해나갔고, 만년에는 시골에 가서 은거할 생각도 있었소. 호화로운 것은 부담스럽고, 소박한 것이 마음 편했소. 또 어떻게 살아갈까보다는 어떻게 죽을 것인가를 염두에 두며 살았소. 심지어 광중(壙中)을 만들고 묘지도 미리 지어놓고, 읽고 웃으며 조만간 그렇게 되기라도 할 것처럼 하였소. 그러다 이제 저승으로 가니 다시 무슨 여한이 있겠소.

나는 늘 분수에 넘치는 명예와 지위에 대해 애를 태우며 걱정해왔소. 집에 있을 때면 늘 기쁨보다 고통이 많은 이 세상, 이렇게 조금이라도 운이 풀릴 때 먼저 죽었으면 좋겠다고 말하면, 당신도 같은 생각이라고 이야기하곤 했소. 아! 당신은 지금 그 말대로 먼저 죽었으니, 당신에겐 잘된 일이오. 하지만 내가 다 늙어서 당신의 죽음을 애도하느라 슬퍼하고 자잘한 일들에 마음 쓰며 근심하는 것은 조금도 아랑곳하지 않으니, 좋은 것은 남에게 양보하고 힘든 것을 도맡아 하던 당신이 어떻게 이렇게 무심할 수 있소.

아! 모든 게 끝났소. 나는 이제 더 이상 세상 살 낙이 없구려. 사람은 칠정의 작용으로 살아가는데, 그 중 대표적인 것이 슬픔과 즐거움이오. 즐거움을 좋아하고 슬픔을 싫어하는 것은 인지상정이니, 감정의 질곡에서 완전히 벗어날 수 없다면 가능한 한 즐겁게 살아야 할 것이오. 슬픔을 함께하면 슬픔이 줄고, 즐거움을 함께하면 즐거움은 배가 될 수 있소. 또 슬픔과 즐거움은 상대적인 것이어서, 하나가 커지면 하나는 작아진다오. 그런데 그런 희로애락을 함께하며 의지할 사람으로 부부만한 이가 어디 있겠소.

아! 당신이 죽은 뒤로 슬픈 일이 생기면 내가 슬픔을 느낀다는 것과 당신이 이제 더 이상 슬픔을 느끼지 못한다는 것이 둘 다 슬프오. 이는 두 사람의 슬픔이 내 한 몸에 다 모여들어서일 거요. 즐거운 일이 있어도 당신과 기쁨을 함께하던 옛날을 추억해 보면, 얼마 안 가 그 즐거움마저 이내 슬픔이 되어버린다오. 그러니 이젠 슬픔이 즐거움보다 커져 즐거울 때는 전혀 없고 언제나 슬프기만 할 텐데, 어찌 이를 견딜 수 있겠소. 나도 언제 죽을지 모르는 사람인데 몇 년 사이에 모친상을 당하고 큰형님과 당신 상까지 당했으니, 하늘은 어찌하여 이토록 지독한 고통을 내리시는지……. 병든 속은 다 문드러지고 빈 껍데기만 남아 이젠 슬퍼할 날도 얼마 남지 않았으리란 걸 아오. 그러나 슬퍼하지 않는다면 몰라도 슬퍼하는 한, 언제 죽느냐가 뭐 그리 중요하겠소.

아! 상례는 제도가 정해져 있고, 장례에는 달을 넘겨 하는 예가 있소. 길일을 잡아 발인하려 할 때, 어젯밤 꿈이 생각나 몹시 불안했소. 광중을 파서 묻으려 할 때 갑자기 말이 위아래로 날뛰는 꿈이었는데, 깜짝 놀라 잠에서 깼다오. 그런데 지금 당신을 묻는 연월일시가 모두 말을 뜻하는 간지 '오(午)'에 속하니, 아, 꿈이 조짐을 보인 것이었구려. 인생 만사가 모두 미리 정해져 있어 우리로선 어쩔 수 없는 점이 있으니, 천명을 어찌하겠소. 나름대로 천명을 안다고 자부해왔는데, 이승과 저승에서 나고 죽는 일에 대해 결국 아무것도 아는 게 없구려. 아! 내게 지각이 있어도 그 이유를 모르니, 당신에게 지각이 있다 해도 모르긴 나와 마찬가지일 테고, 지각이 없다면 나와 함께 슬퍼할 수 없으니 지각이 있는 내 슬픔만 더할 뿐이구려. 아! 장수하든 요절하든 죽는 건 매한가지니, 기뻐하거나 슬퍼할 게 뭐 있겠소? 저 새 봉분을 가리키며 조만간 만날 날을 기약하오.
아! 슬프오.

✿ 유언호(兪彦鎬, 1730~1796)

자는 사경(士京). 호는 즉지헌(則止軒). 본관은 기계(杞溪)이며, 시호는 충
문(忠文)이다. 윤봉구의 문인으로, 이조참의, 형조판서, 우의정 등을 지냈
다. 정조의 묘정(廟庭)에 배향되었다. 이 글의 원 제목은 제부인문(祭夫人
文)으로, 문집 『연석(燕石)』에 실려 있다.

아득한 세월을 어떻게 견딜지

성해응

기묘년(1819, 순조 19) 8월 정유일은 숙인의 첫 번째 기일이라 궤연을 거두어야 합니다. 그 하루 전 날 저물녘에 남편 성해응은 글을 지어 곡합니다.

숙인이 내게 시집와 해로한 것이 43년이니 짧은 시간이라 할 수 없고, 향년 육십이니 단명했다 할 수도 없소. 아들 하나 딸 둘을 두어 사내애는 진사가 되고 내외 손자가 여덟이니, 그만하면 복을 누렸다고 하겠소. 묵거(墨車, 주周나라 때 대부가 타던 채색하지 않은 검은 수레. 여기서는 벼슬을 얻어 임지로 떠날 때 타고 가는 수레를 가리킨다)를 타고 음성의 임소로 나를 따라간 적도 있으니, 그만하면 귀하게 지냈다고도 하겠소. 아녀자로서 이 정도면 충분히 누린 것이니 또 무엇을 한하겠소. 나만 외롭게 지내며 몸은 늙어가는데 의지할 곳도 없어 우왕좌왕하는구려.

옛일을 순서대로 짚어보노라니, 처음 부모님을 공양하던 때부터 온갖 기쁨과 슬픔과 고락을 함께한 일, 상자 속의 자질구레한 것들까지 하나하나 마음속에 자리를 잡아, 떨치고 잊어버리려 해도 되질 않는구려. 당신은 나를 기쁘게 해주었지만 정도가 지나치지 않았고, 충고를 하되 원망하는 마음에서 나온 것이 아니었소. 내 뜻을 따르면서도 반드시 의에 맞게 하였고, 살림을 부지런히 하였지만 모으는 데 급급하지는 않았소. 효도하되 반드시 법도에 맞게 하였고, 은혜를 베풀면서도 반드시 여러 사람들에게 두루 미쳤다오. 이런 당신을 두고 '그윽하고 정숙한 덕이 있다' 해도 과언이 아닐 거요.

작년 가을, 병 때문에 죽곡(竹谷)에 갔다가 당신과 영결하게 되었소. 당신은 이미 자신이 일어나지 못하리라는 걸 알고 있었고, 나 역시 낫는다고 보장할 수 없는 상태였소. 당시 처연하고 비통한 정황은 옆에 있는 사람도 눈물 흘릴 지경이었는데, 당신은 다른 말 없이 내게 조리를 잘 하라고만 당부하였소. 임종 때에도 흐트러지지 않고 평온하였으니, 운명을 아는 자라 해도 이보다 더하지는 않을 것이오.

내가 본래 못나 당신이 의에 맞게 내조하는 도움을 많이 받았는데, 이제는 그것도 끝이구려. 이렇게 슬픈 심사가 드는 것이 어찌 바람에 휘날리는 장막과 비에 젖은 휘장의 처연함 때문이겠소. 당신이 있을 때는 고통스런 질병과 우환도 다 상황에 따라 가닥을 잡았는데, 당신이 가고 없으니 즐거운 경사나 기쁜 일을 맞아도 슬픔만 자아나는구려. 아득한 세월을 어떻게 견딜지……

유명을 달리해 음성이나 모습도 아득하여 더 이상 남아 있지 지만, 혼령은 가지 않는 곳이 없으니 부디 우리 집에서 떠나지 말아

주오. 아이들이 혼례를 치를 때도 임하고, 항아리의 쌀이나 궤의 낱
알까지도 굽어 보고, 제기의 음식과 소반의 밥도 맛본다면 내 슬픔
도 위로가 될 듯하오. 하지만 정말 그럴지 알 수 없고, 그렇지 않다
고 결론지을 수도 없구려. 비감한 말은 끝이 없고 애상의 정도 끝이
없건만 언제까지 곡만 할 수는 없구려. 당신이 가는 길에 이렇게 글
을 지어 함께 보내니, 혹 세상에서 잊혀지지 않을 수 있을는
지…… 상향.

🌸 성해응(成海應, 1760~1839)

자는 용여(龍汝). 호는 연경재(研經齋). 본관은 창녕(昌寧)이다. 벼슬은 부
사(府使)에 그쳤으나 영·정조 시대의 대표적인 실학자로 경학(經學)에 정
통했다. 이 글에 원 제목은 재제실인문(再祭室人文)으로, 문집『연경재전집
(研經齋全集)』에 실려 있다.

홀로 남은 물고기는 근심으로 잠들지 못하고

이시원

무신년(1848, 헌종 14) 3월 8일(임신)은 숙부인 청송 심씨의 장례
를 치르는 날이므로, 이레 전인 초하루(을해)에 아침 상식(上食)을
올리고 남편 이시원은 글을 지어 영전에 슬픔을 고합니다.

애통하고 애통하오. 당신은 이제 나를 버리고 떠났는데, 정기는
어두워지지 않고 밝게 빛나는 거요? 아니면 뜬구름처럼 아무 흔적
도 없이 사라지는 거요?

사별하는 슬픔은 배우자를 잃은 경우가 가장 애절하다오. 새가
배회하며 슬피 우는 것도 그 짝을 잃어서고, 물고기가 근심으로 잠
들지 못하는 것도 홀로 남은 것을 아파해서요. 그러나 내 슬픔은 이
와 또 다른 점이 있소. 나는 본래 성격이 급하고 남에게 너그럽지
못해 매사에 걸핏하면 벌컥 성을 내곤 했소. 그런데도 당신은 집안
형편에 상관없이 40여 년간 고생하며 기뻐하거나 서운해 하는 기색
을 드러내지 않았으니, 참으로 어질다 하겠소.

당신은 평소 병치레가 잦은데다 부릴 종도 없어 머리가 허옇게
세도록 손수 불을 때다가 부엌에서 넘어지는 일도 종종 있었소. 내

가 측은하게 생각하면서도 쉬면서 조리하도록 해주지 못해 해가 갈
수록 병이 점점 더 심해지더니, 마침내 어찌할 수 없는 지경에 이르
게 되었소. 3월에 몸이 부어 몹시 고통스러워 하면서도 누구를 원
망하거나 탓하지 않았고, 목숨이 끊어지는 순간까지 차분하고 정신
이 또렷했으니, 의리와 천명을 아는 군자라 해도 어찌 이보다 더하
겠소. 당신은 눈을 감는 순간 눈물을 주르르 흘렸는데, 이는 참으려
했지만 쏟지 않을 수 없었던 거요. 아들과 며느리와 딸이 하늘에 울
부짖으며 이 눈물의 의미가 무엇인지를 물으니, 아비된 자로서 어
떻게 감당할 수 있겠소.

　노(魯)나라의 현대부(賢大夫) 장희백(臧僖伯)이 죽자, 은공
(隱公)은 그가 고기 잡는 것에 대해 자신에게 간한 일로 유감이 있
을 거라 생각하여 장례 치를 때 품계를 높여주었는데, 나는 이 일이
장희백을 깎아내리는 것이라 말한 적이 있소. 장희백이 죽을 적에
그의 간절한 마음은 분명 국사를 바르게 하고, 임금의 덕을 온전히
하려는 데 있었을 뿐이지, 어찌 자기 말이 받아들여지지 않은 데 대
해 유감을 쌓아두었겠소.

　지금 당신의 눈물에 대해서도 이렇게 이야기할 수 있을 거요.
내가 많이 늙은 데다 아들 며느리도 모두 병약하다 보니, 집안 법도
가 흔들릴까 근심하여 흘린 눈물이었을 거요. 그렇지 않다면 어찌
그리 차분하게 세상을 떠날 운명을 받아들이면서 이렇게 얼굴에 눈
물 자국을 남겨 아직 풀리지 않은 여한이 있는 것처럼 한단 말이오.

　당신이 죽기 전날은 섣달 그믐이었소. 당신은 아이를 시켜 내

옆에 술 한 병을 내오게 하고는 조금 있다가 또 술 한 잔을 데워주며, "당신은 평생 자신을 위해 살지 않았지요. 음식에 대해서도 마찬가지여서, 이 술병의 술도 다른 사람에게 줄 게 분명해요"라고 하였는데, 그 다음날인 설날 밤에 당신은 아주 떠나버렸소.

아! 이 한 잔이 생전에 나를 영결하는 것이었구려. 자신을 위해 살지 않았다는 그 말은 나를 깊이 용서한 말인 것 같소. 전에 두보(杜甫)가 최관(崔瓘)의 죽음을 슬퍼하며 지은 시에 "자신을 용서할 수 있었던 것은 (중략) 병사들은 홑옷을 입었네"*라는 구절을 세 번이나 반복해 읽고 운 적이 있는데, 배우자에게 이런 용서를 받게 될 줄은 생각지도 못했소. 나는 당신의 느긋한 성격을 참지 못하고 늘 심한 말을 해왔으니, 당신은 유감이 있을 거요. 그런데 도리어 가물가물 숨 넘어가는 순간에도 한 잔 술로 그 본심을 전하니, 여인 중에 이런 장자(長者)가 있는 줄 누가 알겠소. 당신은 비록 유감으로 여기지 않는다 해도 나의 회한은 끝내 다 풀리지 않을 거요.

나는 천박하여 후손에게 음덕을 내리지 못하겠지만 당신은 이런 덕이 있으니, 아이의 병이 점점 나을 것이고, 며느리도 분명 당신의 뜻을 받들어 점차 집안 일을 익혀갈 것이오. 그러면 우리 집안도 일어나리라는 기대를 해볼 만하오. 다만 당신이 손수 빚은 술과

---

* 두보의 시 「입형주(入衡州)」의 내용을 부분 인용했다. 최관은 당나라 때의 청렴한 관리로, 담주 자사(潭州刺史)가 되어 스스로에게 부끄럼 없이 최선을 다해 다스렸으나, 좋은 술이 떨어졌다 하고, 병사들은 홑옷을 입는 등 재정이 곤궁해지자 병마사(兵馬使) 장개(臧玠)가 이것을 빌미로 난을 꾸며 최관을 살해했다.

몸소 데운 술잔을 이제 다시는 받아 마실 길이 없으니, 이것이 슬프구려.

　이 글을 쓰며 한 차례 오열하고, 아들, 딸과 며느리에게 이 이야기를 하고는 당신에게 술 한 잔 올리니, 당신은 흠향하기 바라오. 오호애재라!

🌸 이시원(李是遠, 1790~1866)

자는 자직(子直). 호는 사기(沙磯). 본관은 전주(全州)이며, 시호는 충정(忠貞)이다. 대사헌, 이조판서 등을 지냈으며, 벼슬에서 물러나 향리인 강화도에서 지내던 중, 1866년 프랑스군이 침입하자 자결했다. 이 글의 원 제목은 제망실문(祭亡室文)으로, 문집 『사기집(沙磯集)』에 실려 있다.

하늘이 정한 수명은 피할 수가 없어

송내희

계묘년(1843, 헌종 9) 5월 10일(임자)은 숙인 파평 윤씨의 영구가 무덤으로 들어가는 날입니다. 그 8일 전인 을사일이 숙인의 생일이라. 남편 송내희는 삼가 조촐한 제수를 마련하고 글을 지어 고합니다.

아! 나는 당신과 같은 해에 20일 앞서 태어났고 37년 동안 함께 살았으니, 배우자로서의 의리와 부부간의 금슬이 어찌 얕다 하겠소. 처음 당신을 여의고는 눈물이 줄줄 흘렀고, 시신을 거두어 관에 눕혀 음성도 모습도 더 이상 보고 듣지 못하게 되어서는 더욱 가슴이 아팠다오. 생각해 보면, 사람이 나고 죽는 것을 누군들 같은 날할 수 있겠소. 이치상 먼저와 나중의 차이가 있게 마련이니, 다시 무엇을 한스러워 하겠소.

당신은 어려서 횟배를 앓은 것이 원인이 되어 하루도 건강하게 지낸 날이 없었고, 여러 번 위험한 고비를 넘기며 원기도 사그라져 늘 걱정스러웠소. 근래에는 그다지 자주 앓지 않기에 노년에는 좀 편안해지는가 싶었소. 그러니 한 번 걸린 감기로 그간의 온갖 증세가 모두 나타나 약도 다 써보기 전에 갑자기 이렇게 될 줄은 생각도 못 했소. 하늘이 정해놓은 수명은 피할 수가 없어 그런 것인지…….

당신이 너무 갑작스럽게 죽은 바람에 외지에 있던 자식들 중에 미처 임종을 하지 못한 아이들도 있다오. 둘째는 처를 데리고 한양으로 가던 길에 당신이 아프다는 소식을 듣고 달려와 간신히 관 뚜껑을 덮을 때 당도했고, 막내며느리는 친정에 가 있어 한발 늦게 왔다오. 병세가 위독해지자 당신은 한양 간 아이가 언제 돌아오는지 자주 물으며, 오래 기다리기 어려울 것 같다고 이야기했소. 먼 길 가는 사람 마음에도 이것이 유감으로 남았겠지만, 아이들과 며느리들의 통한이야 어찌 그칠 날이 있겠소.

당신은 친성적으로 유순한 사람이지만, 그렇다고 무턱대고 내 말을 따르기만 하지는 않았소. 따를 만한 것은 따르고 따라서는 안 될 일에는 완곡한 말로 분변하며 오직 의에 맞게 하였소. 올바른 식견은 실행으로 옮겨져, 시부모를 섬길 때는 효성스러웠고 빈객을 맞을 때는 환한 기색이었소. 하인들도 법도 있게 부리는 등 모든 일에 성심을 다했지만, 특히 제사를 받드는 데 더욱 마음을 쏟았소. 제사 음식을 씻고 익히는 일까지 손수 하며 살피지 않은 것이 없고, 혹시라도 시간을 놓칠까 싶어 앉은 채로 닭이 울도록 기다렸다오. 초혼하는 날은 마침 선친의 기일이었는데, 정신이 혼몽한 와중에도 전날 밤에 미리 일러 찬을 다 갖춰놓았으니, 이것으로도 평소 진심을 쏟았다는 것을 알 수 있다오.

생각해 보니, 처음 시집올 때부터 둘이 있을 때도 잠자리 이야기는 한 번도 한 적이 없구려.

　내가 성격이 데면데면한 데다 게을러 세상과 잘 맞지 않았는데, 당신은 고결한 성품으로도 어렵게 사는 걸 마다하지 않았소. 재물에 대해서는 특히 더 경계하여 무명 한 조각, 쌀 한 말도 구차히 얻는 법이 없었고, 다 떨어진 옷과 거친 음식도 당연한 것처럼 보아넘겼소.

　지난 정유년(1837) 봄에는 나를 따라 황간(黃澗)으로 갔었소. 그 해는 가뭄이 들고 급료도 박해 겨우 굶주림이나 면할 정도였고 쌓아둔 곡식도 하나 없었는데, 당신은 남편에게 누가 될까봐 늘 청렴결백하기를 당부했다오. 나는 공문서 처리하는 것이 싫어 벼슬을 그만두려고 이듬해 가을에 다시 집으로 돌아갔소. 하지만 분에 넘치는 성은을 여러 차례 입은 터라 마냥 시골에 눌러앉아 있는 것도 송구스러워 잠시 벼슬하러 나갔다가 돌아오곤 했는데, 당신은 이런 것에 연연하지 않았소. 벼슬을 그만두고 집에 돌아가면 가난하고 부족한 것 투성이였지만, 언제나 담박하게 한가한 생활을 즐기면서 운명인 것처럼 편안히 여겼다오. 아마도 옛말의 이른바 '삼태기를 버려두는 고상한 기풍'에 못지않을 거요. 이런 아름다운 행실은 아무나 쉽게 갖출 수 있는 일이 아닌데, 당신은 그렇게 하였다오. 그밖에 바느질이나 음식을 마련하는 등 여러 가지 일에서 꼼꼼하게 조처한 일은 일일이 기록할 수 없을 정도라오. 부인의 덕은 이것만으로도 유감이 없으니, 더 무엇을 안타까워하겠소. 다만 늙은 이 몸은 현기증과 피로로 수염이 희끗희끗해지고 귀에는 귀울음이 울리고 눈앞이 어른거려 집안 일도 제대로 살피지를 못하고 있소. 살아 갈 일이나 슬프고 괴로운 심정에 대해 어찌 할 말이 없겠소만, 말해 봐도 소용없고 말할 필요도 없을 거요.

당신의 유택은 금천(錦阡)으로 정하려 했는데, 운이 그리 좋지 않아 문의(文義)의 검담(黔潭)에 새로 묏자리를 잡았소. 하지만 산 과 물이 둘러 있어 퍽이나 정갈한 곳이니 뒷날 문제거리는 없을 것 이오. 이곳에 안장하겠소.

아! 작년 당신 생일에는 잔칫상을 벌여놓고 한방에 자식들과 어 린 손자들과 함께 앉아 어루만지고 안아주며 지냈는데, 지금은 어 째서 저승으로 가 긴 잠에서 깨어나지 않는 거요. 1년을 사이로 슬 픔과 기쁨이 현격하게 달라져 이런 일을 추억하고 있으니, 울부짖 으며 처연해 하지 않을 수 있겠소? 애사는 이 정도로 그치겠소. 이 렇게 풀어놓은 내 심사를 영혼이 어둡지 않다면 헤아려주구려. 오 호애재라!

🌸 송내희(宋來熙, 1791~1867)

자는 자칠(子七). 호는 금곡(錦谷). 본관은 은진(恩津)이며, 대사헌 등을 지냈다. 이 글의 원 제목은 제망실문(祭亡室文)으로, 문집 『금곡집(錦谷 集)』에 실려 있다.